초등 한자 교육의 또 다른 패러다임

삼자경

주해

초등 한자 교육의 또 다른 패러다임

삼자경 주해

한자를 배우는 새로운 방법 ― 한상덕 지음

《삼자경》은 중국의 전통적인 계몽서로, 남송 때 왕응린이 지은 것으로 전해지고 있다. 그러나 일설에는 송말의 구적자가 편찬한 것으로 보기도 하고 또 원말명초의 여정이 편한 것으로 보기도 한다. 어쨌든 이 책은 송대부터 민국초까지 동몽서로 학동들에게 가장 널리 보급되었던 책이다.

ksi 한국학술정보㈜

　　이 ≪삼자경(三字經)≫은 중국의 전통적인 계몽서로, 남송 때 왕응린(王應麟, 1223-1296)이 지은 것으로 전해지고 있으나, 일설에는 송말(宋末)의 구적자((區適子)가 편찬한 것으로 보기도 하고 또 원말명초(元末明初)의 여정(黎貞)이 편찬한 것으로 보기도 한다. 어쨌든 이 책은 송대(宋代)부터 민국 초까지 동몽서로써 어린이들에게 가장 널리 보급되었던 책이다.

　　이 책의 특징은 제목에서 알 수 있듯이 세 글자를 한 구(句)로 하여, 읽기도 편하고 이해하기도 쉬우며 또 한 번 배우면 오랫동안 기억될 수 있도록 되어 있다는 점이다. 그래서 시대가 바뀌기는 하였지만 오늘날에 와서도 어린이들이 한자와 한문을 배움과 동시에 중국에 대한 기본 지식을 습득하는 입문서로 활용하기에 적격이라고 생각이 된다. 그러나 글자가 적고 말은 간단 간단하지만 그 속에 담고 있는 내용들은 중국의 유구한 역사와 전통 문화를 다양하게 언급하고 있어서 배우거나 혹은 가르치는데 있어서 그렇게 녹록하지만은 않다고 할 수 있다.

　　특히 이 책의 편자는 중국의 고금을 통한 교육·인륜·도덕·천문·지리·역사·문학 등의 모든 내용을 집중적으로 총 망라하고자 하였기 때문에 중국에서는 오랫동안 "소매 속의 백과전서"라고 불리기도 하였다. 따라서 이 ≪삼자경(三字經)≫ 안에 있는 내용만이라도 완전히 이해한다면 한자 공부뿐만 아니라 중국에 대한 상식이나 인격 형성에도 적지 않은 도움이 될 것으로 확신한다.

　　본 필자는 일찍부터 어린이들의 한자(한문) 및 인성교육에 많은 관심을 가지고 있었고, 또 일선에서 직접 그런 일을 담당해 오기도 하였다. 그러던 중에 옛날 중국에서 어린 학동들에게 한자와 인성교육을 가르칠 목적으로 편찬된 여러 동몽서를 접할 수 있었으며, 급기야는 이런 좋은 책들이 우리나라에도 보급되어 학생들이 한자를 배우고 좋은 인성을 길러 가는 교재로 활용될 수 있었으면 좋겠다는 생각을 하기에 이르렀다. 그리하여 10년전부터 틈틈이 각종 동몽서들을 우리나라에 소개할 목적으로 작업들을 계속해 왔으며, 지금은 상당한 양이 축적되기에 이르렀다. 본 ≪삼자경(三字經)≫은 1999년 6월에 마무리해 놓았던 것을 조금 더 손질하여 오늘 출판을 하게 된 것이다.

최선을 다했지만 능력의 한계로 책 내용 중에는 잘못된 부분도 많으리라 짐작된다. 부족한 점과 틀린 점에 대해서는 여러분들의 따뜻한 질정을 부탁드린다.

2008년 12월
한상덕 삼가 씀

머리말 • 5

□ 부록

人 之 初 , 性 本 善 ,
性 相 近 , 習 相 遠 .

해석

사람이 처음 막 태어났을 때는 본성이 근본적으로 착해서, 성품이 서로 비슷하였지만 학습에 따라 본성은 서로 달라진다.

한자풀이

人…사람 인   之…갈 지   初…처음 초   性…성품 성
本…근본 본   善…착할 선   相…서로 상   近…가까울 근
習…익힐 습   遠…멀 원

간체자와 중국음

人(rén)   之(zhī)   初(chū),   性(xìng)   本(běn)   善(shàn),
性(xìng)   相(xiāng)   近(jìn),   习(xí)   相(xiāng)   远(yuǎn).

初(초)	처음. 시작. 여기서는 사람이 막 태어났을 때를 말함.
性(성)	성질. 개성. 성품. 사람이 가지고 있는 본성.
本(본)	본래. 원래.
善(선)	선량함.
習(습)	학습하고 본받음.
相遠(상원)	서로 차이가 멀어짐.

■ 해설

본문은 ≪삼자경(三字經)≫의 입론(立論)에 해당하는 내용으로, 교육이 잘 이루어져야할 이유를 밝히고 있다. 사람은 출생하면서부터 기본적으로 가지고 태어나는 선천적인 본성과 살아가면서 후천적으로 만들어지는 습성으로 살아가게 된다. 그러나 인간 본연의 인성이란 원래 선(善)한 모습으로 태어나는 것인가 아니면 악(惡)한 모습으로 태어나는 것인가 하는 문제로 성선설(性善說)과 성악설(性惡說)이 나오기도 하였지만, ≪삼자경(三字經)≫의 기본적인 입장은 본문에서 알 수 있듯이 성선설에 그 바탕을 두고 있다. 즉, 사람의 본성은 착한 것이었으나, 성장해 가면서 어떤 환경에서 어떤 사람과 상종하고 또 어떤 교육을 받느냐에 따라 달라질 수 있다는 것이다. 좋은 사람과 교제하고 또 좋은 것을 배우게 되면 품행이 바른 사람으로 변해 가는데, 반대로 나쁜 것을 배우고 따르게 되면 성품이 나빠지게 된다는 말이다. 그리하여 결국 사람들은 서로간에 차이가 있게 되고, 그 차이는 갈수록 심화되어 간다는 것이다.

::2

苟 不 敎 , 性 乃 遷 ,
敎 之 道 , 貴 以 專 .

해석

만일 가르치지 않으면 품성은 이내 변질이 되며, 가르치는 방법에서 가장 중요한 것은 전념(專念)하는 것이다.

한자풀이

苟…진실로 구,　不…아니 불　　敎…가르칠 교　　性…성품 성
乃…이에 내　　遷…옮길 천　　之…갈 지　　道…길 도
貴…귀할 귀　　以…써 이　　專…오로지 전

간체자와 중국음

苟(gǒu)　不(bù)　敎(jiāo),　性(xìng)　本(nǎi)　迁(qiān),
教(jiào)　之(zhī)　道(dào),　貴(guì)　以(yǐ)　专(zhuān).

주석

苟(구)	여기서는 "만약"이란 뜻으로 쓰임.
敎(교)	교육, 훈계, 지도.
乃(내)	이에 곧.
遷(천)	변화, 변질됨.
道(도)	가르치는 방법, 도리.
貴(귀)	가장 귀한 것, 가장 중요한 것.
以(이)	～으로써.
專(전)	전념, 몰두함. 전심전력으로 몰두함. 시종 나태하지 않음.

해설

본문은 교육이 부단하게 이루어져야 하는 원인과 그 교육이 어떻게 진행되어야 하는지에 대한 그 방법을 밝히고 있다. 자라나는 아이들에게 교육을 잘 시키지 못하면 원래 선량했던 본성도 나쁘게 변질이 될 수 있다는 것이니, 그 교육을 담당하고 있는 부모나 스승의 책임은 얼마나 막중한 것인가? 역시 배움의 처지에 있는 사람도 배움의 중요성을 잘 깨닫고 때를 놓치지 않고 배우는 일에 최선을 다해야 하는 것이다. 그래서 중국에서는 "늙어 죽을 때까지 배움은 끝나지 않는다.(活到老學到老)"는 속담이 있게 되었고, 순자(荀子)는 "배움을 그만두어서는 안 된다.(學不可以已)"라 하였던 것이다.

본문에서 강조한 바와 같이 부모나 스승이 교육을 시킬 때는 한결같은 마음으로 전념하는 것이 중요한 것이니, 무슨 일이 작심삼일(作心三日)로 이루어져서는 안 되는 것이다. 교육에 일관성과 연속성을 잃게 되면 큰 성과를 이룰 수가 없는 것이다.

昔 孟 母 ， 擇 鄰 處 ，
子 不 學 ， 斷 機 杼 ．

해석

옛날 맹자의 어머니는 이웃을 가려서 살았는데, 아들이 글을 배우려 하지 않자, 베틀의 북을 잘라 버렸다.

한자풀이

昔…예 석 　　　 孟…맏 맹 　　　 母…어미 모 　　　 擇…가릴 택
鄰…이웃 린 　　　 處…곳 처 　　　 子…아들 자 　　　 不…아니 불
學…배울 학 　　　 斷…끊을 단 　　　 機…틀 기, 베틀 기
杼…북 저

간체자와 중국음

昔(xī)　　　孟(mèng)　母(mǔ)，　　擇(zé)　　　邻(lín)　　　处(chǔ)，
子(zǐ)　　　不(bù)　　学(xué)，　　断(duàn)　　机(jī)　　　杼(zhù).

昔(석)	옛날에.
孟母(맹모)	맹자의 어머니.
擇(택)	선택함, 가림.
鄰(린)	이웃.
處(처)	거주함.
機杼(기서)	베틀의 북.

해설

본문은 맹자의 어머니가 맹자를 교육하기에 유익한 환경을 선택하기 위해 세 번이나 이사를 하였다는 "맹모삼천(孟母三遷)"고사를 소개한 것이다. 맹자(孟子)는 중국 전국시대 추(鄒)나라 사람으로, 이름은 가(軻)요, 자(子)는 자여(子輿)이다. 어려서 아버지를 여의고 베짜는 어머니 슬하에서 자랐다. 처음에 맹자는 어머니와 묘지 옆에서 살았다. 어린 맹자는 여기서 장례에 관한 것들만 보고 배웠다. 이에 맹자 어머니는 시장 옆으로 이사를 갔다. 여기서 맹자는 또 시장에서 물건 사고 파는 것만 보고 배웠다. 그래서 맹자 어머니는 맹자를 데리고 마침내 서당 옆으로 이사를 하였는데, 여기서는 맹자가 글공부하는 것을 보고 배우기에 정착을 하게 되었다는 이야기가 "맹모삼천(孟母三遷)" 고사다. 본문의 뒷 부분은 맹자가 공부를 계속하지 않자, 배우는 일을 중지하면 그 결과가 어떤 것인지를 보여주기 위하여 맹자 어머니가 옷감을 짜고 있던 베틀에 올라가 북을 깨뜨려버리고 또 짜고 있던 베를 가위로 잘라버리면서 중단이라는 것이 얼마나 무서운 것인지를 직접 체험하게 해 준 것이다.

竇 燕 山 ， 有 義 方 ，
教 五 子 ， 名 俱 揚 ．

해석

두연산(竇燕山)에게는 옳은 〈교육〉 방법이 있었기에, 다섯 명의 아들을
잘 교육시켜 그 이름이 모두 세상에 날렸다.

한자풀이

竇…구멍 두   燕…제비 연   山…뫼 산   有…있을 유
義…옳을 의   方…모 방   敎…가르칠 교   五…다섯 오
子…아들 자   名…이름 명   俱…함께 구   揚…날릴 양

간체자와 중국음

窦(dòu)   燕(yān)   山(shān),   有(yǒu)   义(yì)   方(fāng),
教(jiāo)   五(wǔ)   子(zǐ),   名(míng)   俱(jù)   扬(yáng).

竇燕山(두연산) 오대(五代)시기 후진(後晋) 사람으로 이름은 두우균(竇禹鈞). 연산(燕山)은 그의 호. 그는 유주(幽州) - 지금의 북경 - 에서 살았는데, 그 땅이 옛날 연(燕)나라에 속했던 관계로 호를 "연산(燕山)"이라고 한 것.

義方(의방) 옳바른 방법. 즉 좋은 교육 방법.

俱(구) 모두.

揚(양) 큰 벼슬을 하여 이름을 세상에 날림.

해설

본문은 두연산이 의(儀)・엄(儼)・간(侃)・칭(偁)・희(僖) 다섯 아들을 잘 교육시켜 이들 모두를 진사(進士)에 급제시키고 명신(名臣)들로 이름을 날리게 했던 이야기다.

원래 두연산은 돈 많은 부호(富戶)였는데, 돈은 많이 벌었지만 마음씨가 나빠 서른이 되도록 아들이 없었다. 어느날 꿈에 돌아가신 아버지가 나타나 남을 속이고 나쁜 일만 하면 후손도 없을 것이고 장수도 할 수 없으니 덕을 쌓고 착한 일을 하라고 타이른다. 이 이후로 두연산은 개과천선하여 새로운 삶을 살게 되는데 어느날 다시 아버지가 꿈에 나타나 그 뜻이 하늘에 상달되어 복을 받게 될 것이라 전한다. 과연 뒤에 다섯 아들을 낳았고, 바른 교육을 시켜서 다섯 아들이 모두 성공할 수 있었다. 장남은 예부상서(禮部尚書), 차남은 예부시랑(禮部侍郎)이 되었으며, 그 나머지 세 자식도 모두 벼슬을 하여 당시 사람들은 그들을 "두씨오룡(竇氏五龍)"이라 불렀다고 한다.

養不敎，父之過，敎不嚴，師之惰.

해석

자식을 양육하되 가르치지 않는 것은 아버지의 잘못이요, 학생을 가르치되 엄격하지 않는 것은 스승의 나태함이다.

한자풀이

養…기를 양　　不…아니 불　　敎…가르칠 교
父…아비 부　　之…갈 지　　過…지날 과, 과실 과
嚴…엄할 엄　　師…스승 사　　惰…게으를 타.

간체자와 중국음

养(yǎng)　不(bù)　教(jiāo),　父(fù)　之(zhī)　过(guò),
教(jiāo)　不(bù)　严(yán),　师(shī)　之(zhī)　惰(duò).

養(양)　　양육함. 자식을 기르는 것을 말함.
敎(교)　　교육시킴. 제자를 가르치는 것을 말함.
過(과)　　잘못, 과실.
嚴(엄)　　엄격함. 엄함.

해설

본문의 앞 구절은 자식에 대한 부모의 책임을 언급한 것으로, 부모는 자식을 배불리 먹이고 따뜻하게 입힐 책무도 있지만 더욱 중요한 것은 교육임을 강조하고 있다. 부모로부터 올바른 가정교육을 받은 자녀들은 훌륭한 인품을 가지게 될 뿐만 아니라 이런 바탕 위에서 학문을 하게 되었을 때는 더욱 귀한 덕망과 깊은 학문을 가진 인재가 되어 존중을 받게 될 것이다. 뒷 구절은 자기가 맡은 학생들을 엄격하게 교육시켜서 학생들로 하여금 학업에 충실할 수 있도록 해야 한다는 스승의 책무에 대한 언급이다.

실제로 부모나 스승이 되는 것은 그렇게 어려운 일이 아니다. 그냥 자식만 낳으면 부모가 되고, 학생만 있으면 스승이 되지만, 부모다운 부모, 스승다운 스승이 되기는 참으로 어려운 일이다. 스승이라 할지라도 "경사(經師)"와 "인사(人師)"가 있으니, 전자는 자기가 알고 있는 지식만을 학생에게 전수해주는 스승을 말하고, 후자는 사람 됨됨이를 만들어주는 인간교육의 스승을 말한다. 스승이라면 당연히 전·후자 둘을 모두 갖춘 스승다운 스승이 되어야 참다운 스승이라 할 것이다.

子不學, 非所宜,
幼不學, 老何爲.

해석

자식으로서 배우지 않는다면 그것은 옳은 바가 아니며, 어려서 배우지 않으면 늙어서 무엇을 하겠는가?

한자풀이

子…아들 자　　　不…아니 불　　　學…배울 학　　　非…아닐 비
所…바 소　　　　宜…마땅할 의　　幼…어릴 유　　　老…늙을 로
何…어찌 하　　　爲…할 위

간체자와 중국음

子(zǐ)　　　不(bù)　　　学(xué),　　非(fēi)　　所(suǒ)　　宜(yí),
幼(yòu)　　不(bù)　　　学(xué),　　老(lǎo)　　何(hé)　　为(wéi).

子(자)　　　자식. 자녀. 어렸을 때를 말하기도 함.
所宜(소의)　마땅한 바. 옳은 바.
幼(유)　　　유년기. 즉 어렸을 때.
老(노)　　　노년기. 즉 늙었을 때. 나이가 많아진 만년(晩年).
何爲(하위)　무엇을 하겠는가?

해설

앞장은 가르치는 입장에 있는 부모와 스승의 책무에 대한 것이고, 본문은 배우는 자에 대한 언급이다. 부모나 스승은 할 도리를 다 하였으나 배우는 자가 할 도리를 다 하지 못했을 때는 자식 혹은 제자된 자의 책임이라는 것이다. 그래서 사마광(司馬光)도 〈권학문(勸學文)〉 첫 머리에서 이렇게 말하고 있다. "자식을 키우되 가르치지 않음은 아버지의 잘못이요, 훈도하되 엄격하지 않음은 스승의 나태함이다. 부친의 가르침이나 스승의 엄함에 둘 다 예외가 없었음에도, 학문을 이루지 못함은 자식(제자)된 자의 죄다. (養子不敎父之過, 訓導不嚴師之惰. 父敎師嚴兩無外, 學問無成子之罪)"라고 하였다. 배워야할 황금시기에 배우지 않고 뒤 늦게 그것을 만회하려고 하면 더 고생을 하게 되고 좋은 기회도 많이 놓치고 만다. 물론 늦게라도 뜻을 세워 열심을 다 한다면 못 이룰 일도 없겠지만, 가장 좋기로는 무슨 일이든 제 때에 하는 것이 가장 좋은 것이다. 그래야 힘도 덜 들고 그 효과나 성과도 더 알찰 수 있다.

玉 不 琢 ， 不 成 器 ，
人 不 學 ， 不 知 義 ．

해석

옥(玉)도 다듬지 않으면 그릇이 되지 못하고, 사람도 배우지 않으면 의 (義)를 알지 못한다.

한자풀이

玉…구슬 옥　　　不…아니 불　　　琢…쪼을 탁　　　成…이룰 성
器…그릇 기　　　人…사람 인　　　學…배울 학　　　知…알 지
義…옳을 의

간체자와 중국음

玉(yù)　　　不(bù)　　　琢(zhuó)，　　不(bù)　　　成(chéng)　器(qì)，
人(rén)　　　不(bù)　　　学(xué)，　　不(bù)　　　知(zhī)　　义(yì).

琢(탁)　　쪼아서 다듬음. 조각함.

不成(불성)　이루지 못함. 만들어지지 못함.

器(기)　　그릇. 여기서는 유용한 물건을 가리킴.

義(의)　　옳바른 이치. 여기서는 예의나 도덕을 말함. 즉 사람의 도리.

해설

본문은 ≪예기(禮記)≫에 나오는 말이다. 이 말을 통해 인간에게 왜 부단한 교육이 이루어져야 하는지를 구체적인 예를 통해 증명을 하고자 한 것이다.

중국의 곤륜산(崑崙山)에서는 보석이 많이 난다. 그 중에서도 곤륜의 옥(玉)은 대단히 유명하다. 그러나 그 옥이 멋진 공예품으로 만들어져 귀한 가치를 가지려면 세 단계의 과정을 거쳐야 한다. 먼저 "절(切)"의 과정이다. 이는 바위 속에 옥이 있는지 없는지를 알기 위해 잘라보는 일이다. 그 다음은 바위 속에서 찾아내어 아직 가공하지 않은 "박옥(璞玉)"을 다듬는 "탁(琢)"의 과정이다. 그리고 맨 마지막에 가서 그 물건이 광채가 나도록 문지르는 과정을 거치는데, 이것을 "마(磨)"라고 한다.

아무리 좋은 옥이라 하더라도 위와 같은 과정을 거치지 않고서는 좋은 공예품으로 탄생되지 않듯이 사람도 배움의 과정을 거치지 않으면 마땅히 알아야할 의(義)를 알 수 없다는 말이다. 그래서 ≪시경(詩經)≫과 ≪논어(論語)≫에서도 부지런히 학문과 덕행을 닦는 것을 "절차탁마(切磋琢磨)"라고 표현하였다.

爲 人 子 ， 方 少 時 ，
親 師 友 ， 習 禮 儀 .

해석

사람의 자식된 자로서 바야흐로 어렸을 때는, 스승 및 친구와 친하게 지내며 예의를 익혀야 한다.

한자풀이

爲…할 위, 될 위　　人…사람 인　　子…아들 자
方…모 방, 바야흐로 방　　　　　　少…적을 소, 젊을 소
時…때 시　　親…친할 친　　師…스승 사
友…벗 우　　習…익힐 습　　禮…예도 례
儀…거동 의

간체자와 중국음

为(wéi)　　人(rén)　　子(zǐ),　　方(fāng)　　少(shào)　　时(shí),
亲(qīn)　　师(shī)　　友(yǒu),　　习(xí)　　礼(lǐ)　　仪(yí).

方(방)	바야흐로. 이제 한창.
少時(소시)	나이가 어렸을 때.
親(친)	친애하다. 친근하다. 가까이 하다.
師友(사우)	훌륭한 스승과 벗.
習(습)	배우다.
禮儀(예의)	사람으로서 마땅히 준행해야 할 예절. 禮(예)는 천리(天理)의 예절이고, 儀(의)는 인사(人事)의 법칙을 말함.

해설

본문은 자식된 자의 도리를 말한 것이다. 어렸을 때는 훌륭한 스승을 가까이 모시고 어진 친구들과 교제를 하면서 지식을 배우고 예의를 배워야 한다는 것이다. 어려서 예(禮)에 부합한 언행이나 어버이와 웃어른을 공경하는 도리, 학업에 진력하는 방법 등 인간의 근본이 되는 도리 등을 잘 이해하고 이를 생활 중에 잘 실천할 수 있어야 그가 자라서 훌륭한 사람이 될 수 있는 것이다.

중국 송대(宋代) 때, 정호(程顥)1)와 정이(程頤)2)라는 유명한 유학자가 있었다. 이들은 유학의 권위자인 주자(朱子) – 주희(朱熹)3) – 와 함께 "정주(程朱)"라 불리며 정주학파의 우두머리이다. 당시 양시(楊時)와 유작(游酢)이란 사람이 있었는데, 이들은 이미 마흔이 넘었고 또 과거에도 합격한 사람이었으나 정호와 정이를 아주 존경하였다. 어느 엄동설한에 이들 둘은 가르침을 받고자 정씨를 찾아갔는데 마침 정이가 눈을 감고 명상에

---

1) 정호(程顥) : 북송(北宋)의 대유(大儒). 자는 백순(伯淳), 호는 명도(明道). 동생인 정이(程頤)와 함께 주돈이(周敦頤)의 제자. 우주의 본성과 사람의 성(性)이 본래 동일한 것이라고 주장함. ≪역(易)≫에 조예가 깊었음.

2) 정이(程頤) : 자는 정숙(正淑). 호는 이천(伊川). 정호(程顥)의 동생. 처음으로 이기(理氣)의 철학을 제창하여 유교 도덕에 철학적 기초를 부여하였음. 저서로 ≪역전(易傳)≫과 ≪춘추전(春秋傳)≫, ≪어록(語錄)≫ 등이 있다.

3) 주자(朱子) : 주희(朱熹)에 대한 경칭(敬稱)이다. 주자는 남송의 대유학자로, 경학에 정통하여 송학(宋學)을 대성(大成)하였는데 그의 "학(學)"을 주자학(朱子學)이라 일컫는다. 우리나라 이조시대의 유학에 큰 영향을 미쳤다.

잠겨 있었다. 이들은 방해가 될까 봐 조용히 문밖으로 나와 정이가 명상을 마치기를 기다리고 있었는데 발 위에는 눈이 한 자나 쌓였다고 한다. 이에 "스승을 공경하며 가르침을 기다린다"는 뜻으로 "정문입설(程門立雪)"이란 고사성어가 생겨나게 되었다. 이렇게 양시와 유작처럼 스승과 어른을 공경하는 마음으로 가르침을 받고자 하는 그런 정신을 우리가 깊이 새겨야 할 것이다.

香 九 齡 ， 能 溫 席 ，
孝 于 親 ， 所 當 執 .

해석

황향은 아홉 살 때, 〈부모님〉 잠자리를 따뜻하게 해드릴 줄을 알았는데, 어버이께 효도하는 것은 당연히 해야 할 바다.

한자풀이

香…향기 향   九…아홉 구   齡…나이 령   能…능할 능
溫…따뜻할 온   席…자리 석   孝…효도 효   于…어조사 우
親…친할 친, 어버이 친   所…바 소   當…마땅 당
執…잡을 집

간체자와 중국음

香(xiāng)   九(jiǔ)   齡(líng),   能(néng)   温(wēn)   席(xí),
孝(xiào)   于(yú)   亲(qīn),   所(suǒ)   当(dāng)   执(zhí).

주석

香(향)	황향(黃香). 자(字)는 문강(文强). 동한(東漢) 시대의 강하(江夏) – 지금의 호북(湖北) – 사람으로, 경전에 박통(博通)하였음. 어렸을 때의 효성이 아주 유명함.
齡(령)	나이.
溫(온)	따뜻하게 하다.
席(석)	자리. 즉 잠자리를 가리킴
于(우)	~에게
親(친)	부모.
所(소)	~하는 바
當(당)	마땅히 ~하다.
執(집)	가지다, 꽉 쥐다, 준수하다.

해설

백행(百行)에서 가장 우선으로 삼는 것이 효(孝)이다. 본문은 그 효를 실천한 인물의 고사를 소개한 것이다. 옛날 중국의 황향(黃香)은 아직 열 살도 안 된 아홉 살 나이에 부모 모실 줄을 알았다. 그는 여름에 날씨가 더워지면 부채로 목침(木枕)을 시원하게 해 놓은 후에 부모님을 모셔서 잠자리에 들게 하였고, 날씨가 추운 겨울이면 먼저 자신의 몸 온기로 잠자리를 따뜻하게 해 놓은 후에 부모님이 주무시도록 하였다. 그래서 원대(元代) 곽거경(郭居敬)은 중국 역사에서 감동적인 효자들의 이야기를 전하고자 ≪이십사효(二十四孝)≫라는 책을 만들었는데, 여기서 작자는 황향의 이야기도 그 중의 하나로 포함시켰던 것이다. 참고로 이 책에서 곽거경이 소개한 그 인물과 배열순서를 보면 다음과 같다.

①대순(大舜), ②한(漢)나라 문제(文帝), ③증삼(曾參), ④민자건(閔子騫), ⑤자로(子路), ⑥동영(董永), ⑦염자(剡子), ⑧강혁(江革), ⑨육적(陸績), ⑩당부인(唐夫人), ⑪오맹(吳猛), ⑫왕상(王祥), ⑬곽거(郭巨), ⑭양향(楊香), ⑮주수창(朱壽昌), ⑯유검루(庾黔婁), ⑰노래자(老萊子), ⑱채순(蔡順), ⑲황향(黃香), ⑳강시(姜詩), ㉑왕위원(王偉元), ㉒정란(丁蘭), ㉓맹종(孟宗), ㉔황정견(黃庭堅)이다.

融 四 歲 ， 能 讓 梨 ，
弟 于 長 ， 宜 先 知 ．

해석

공융(孔融)은 네 살 때 〈형에게〉 배를 양보하였는데, 형에게 공경할 줄을
마땅히 먼저 알았던 것이다.

한자풀이

融…녹을 융   四…넉 사   歲…해 세   能…능할 능
讓…사양할 양   梨…배 리   弟…아우 제. 공경할 제
于…어조사 우   長…길 장.   宜…마땅할 의   先…먼저 선
知…알 지

간체자와 중국음

融(róng)   四(sì)   岁(suì),   能(néng)   让(ràng)   梨(lí),
弟(dì)   于(yú)   长(zhǎng), 宜(yí)   先(xiān)   知(zhī).

🔲 주석

融(융)	공융(孔融). 그의 자는 문거(文擧). 동한(東漢)말 노국(魯國)—지금의 산동(山東)—사람. 한(漢) 헌제(獻帝) 때 북해태수(北海太守)를 지냄. 뒤에 조조(曹操)에게 살해됨.
讓(양)	양보하다.
弟(제)	여기서는 공경한다는 동사로 쓰임. 즉 "悌(공경할제)"자와 같은 의미의 글자.
于(우)	～에게.
長(장)	나이가 많은 사람. 여기서는 형을 가리킴.
宜(의)	마땅히 ～하다.

🔲 해설

공융(孔融)은 공자의 32대손으로, 일곱 형제 중 여섯 번째. 그가 어렸을 때 이웃집에서 배를 한 광주리 보내 왔는데, 형들이 큰 것을 다 집어갈 때까지 옆에서 가만히 보고 있다가 맨 나중에 조용히 작은 것 하나를 가져갔다. 사람들이 왜 작은 것을 가져가느냐고 묻자. 그는 "형들은 크니까 큰 것을 먹고 나는 작으니까 작은 것을 택했다."고 하였다. 그가 배를 양보한 이야기는 오늘날까지도 전해지면서 형제간에 서로 양보심이 많고 우애가 돈독할 때 이 "공융양리(孔融讓梨)"라는 전고(典故)를 자주 쓴다. 공융은 이처럼 훌륭한 품성을 가졌던 결과 훗날 유명한 문학가가 되었다. 그는 "건안칠자(建安七子)[4]" 중의 한 일원으로 조조(曹操)[5]·조식(曹植)[6] 등과 어깨를 나란히 하여 활발한 활동을 하였다. 공융의 부모에 대한 효순, 형제에 대한 우애심, 남에 대한 지극한 정성과 관대함 등 그의 훌륭한 품성은

---

[4] 건안칠자(建安七子) : 한말(漢末)의 건안(建安) 연간에 때를 같이하여 문학으로 이름을 떨쳤던 일곱 사람. 즉 공융(孔融)·진림(陳琳)·왕찬(王粲)·서간(徐幹)·완우(阮瑀)·응창(應瑒)·유정(劉楨)을 말한다.

[5] 조조(曹操) : 후한(後漢) 사람. 자는 맹덕(孟德). 권모에 능하고 시를 잘 지었음. 헌제(獻帝) 때 재상이 되고 위왕(魏王)으로 봉(封)함을 받았음. 그의 아들 조비(曹丕)가 제위에 올라 무제(武帝)라 추존(追尊)하였음.

[6] 조식(曹植) : 삼국시대(三國時代)의 위(魏)나라 문제(文帝) 조비(曹丕)의 동생. 자는 자건(子建). 시문에 뛰어났음.

훗날까지 그 영향을 끼쳤다. 그는 뒤에 조조에게 미움을 사서 재산을 몰수당하고 죽게 되었는데, 이 때 공융의 두 아들이 보여준 언행은 "그 아버지의 그 아들"이라는 생각이 들게 한다. 공융이 자기를 잡아가는 관병(官兵)들에게 두 아들만은 살려 달라고 애원을 하자 이 말을 듣고 있던 아들은 "새 둥지가 무너졌는데 어찌 새알이 안전하기를 바랄 수 있겠는가?"라고 하면서 아버지의 뒤를 따랐는데, 이 때 큰 아이는 아홉 살이었고 그의 동생은 일곱 살이었다.

본문은 형제들이 함께 살아갈 때 작은 것 때문에 다투다가 대의(大義)를 잃고, 서로 사소한 이익을 먼저 챙기려다가 화목을 깨뜨리게 되는 그런 모습을 보이지 말고, 공융과 같은 넓은 가슴을 가지고 먼저 타인을 생각하고 배려하는 마음을 가지도록 우리를 독려하는 구절이라 하겠다.

首 孝 弟 , 次 見 聞 ,
知 某 數 , 識 某 文 .

해석

첫째가 효도와 공손이요 그 다음이 견문이며, 숫자를 알아야 하고 글을 알아야 한다.

한자풀이

首…머리 수	孝…효도 효	弟…아우제, 공경할 제
次…버금 차	見…볼 견	聞…들을 문	知…알 지
某…아무 모	數…셀 수	識…알 식	文…글월 문

간체자와 중국음

首(shǒu)	孝(xiào)	弟(dì),	次(cì)	见(jiàn)	闻(wén),
知(zhī)	某(mǒu)	数(shù),	识(shí)	某(mǒu)	文(wén).

首(수)	우두머리. 맨 먼저. 가장 중요한 것.
孝弟(효제)	부모에 대한 효도와 형에 대한 공손. 弟(제)는 "공경할 제(悌)"와 같은 글자로 쓰임.
次(차)	그 다음. 두 번째.
見聞(견문)	눈으로 보고 귀로 듣는 것.
某(모)	지시 대명사.
數(수)	수. 숫자. 수학.
文(문)	문자. 문리(文理).

해설

인생에서 부모에 대한 효도와 형제간의 우애보다 더 중요한 것은 없을 것이다. 그래서 옛날 사람들은 "효제(孝悌)"를 인간의 도리 중 그 첫째로 꼽았던 것이고, 이에 ≪논어(論語)≫에서도 "효제(孝弟)라는 것은 인(仁)을 행하는 근본이다.(孝弟也者, 其爲仁之本與.)"라고 강조하였던 것이다. 효도와 우애가 우선되고 난 다음 순서가 지식을 담는 공부이다. 따라서 본문에서는 그 다음의 순서로 견문을 언급하고 있다. 즉, 천하의 많은 일들을 두루두루 살펴봄으로써 지식의 폭을 넓히고, 고금(古今)의 이치들을 많이 들어서 그 학문의 깊이를 더할 것을 강조한 것이다.

본문의 후반부는 기본적인 산술을 잘 이해하고 난 후라야 더욱 심오한 수학을 할 수 있게 되고, 우선 글을 알아야 뒤에 더욱 좋은 문장을 깊이 이해할 수 있게 된다는 말을 하고 있다. 셈을 할 줄 알고 글을 잘 이해할 수 있어야 지식을 넓힐 수 있고, 생활을 풍부하게 할 수 있으며, 나아가 자신의 전도양양한 미래를 개척할 수 있게 되는 것이다.

一 而 十 ， 十 而 百 ，
百 而 千 ， 千 而 萬 ．

해석

일(一)로 십(十)이 되고, 십(十)으로 백(百)이 되며, 백(百)으로 천(千)이 되고, 천(千)으로 만(萬)이 된다.

한자풀이

一…한 일   而…말이을 이   十…열 십   百…일백 백
千…일천 천   萬…일만 만

간체자와 중국음

一(yī)   而(ér)   十(shí),   十(shí)   而(ér)   百(bǎi),
百(bǎi)   而(ér)   千(qiān),   千(qiān)   而(ér)   万(wàn).

주석

一(일)   하나. 수의 시작이 됨.

而(이)   연결사로 쓰임.

十(십)   열. 수의 끝이 됨.

해설

숫자는 비록 많지만 모두 일(一)에서 시작하는데, 일(一)·삼(三)·오(五)·칠(七)·구(九)는 홀수고, 이(二)·사(四)·육(六)·팔(八)·십(十)은 짝수이다. 이들 홀수와 짝수가 배합되어 백(百)·천(千)·만(萬)·억(億)·조(兆) 등과 같은 임의의 숫자들이 만들어진다.

전설에 따르면 일(一)자는 복희(伏羲)가 발명한 것이고 그 나머지 숫자는 창힐(倉頡)이 만들었다고 전해진다. 그리고 중국 고대에 예(隷)라고 하는 사람이 십(十)을 열 배 하면 백(百)이 되고, 백(百)을 열 배 하면 천(千)이 되며, 천(千)을 열 배 하면 만(萬)이 되는 것을 만들어내었다고 한다. 그 뒤에 더하기 빼기 곱하기 나누기가 만들어졌는데, 구구단은 주공(周公)이 만들었다고 전해진다. 중국에는 일찍부터 수를 셈하는 학문이 있었는데, 주대(周代) 말에 와서는 산수가 아주 보편화 되었으며, 글 공부를 하는 사람이면 육예(六藝)에 능해야 했다. 육예란 "예(禮)·악(樂)·사(射)·어(御)·서(書)·수(數)"를 말하는데, 여기서의 "수(數)"란 곧 산수를 의미한다. 중국인들은 숫자를 갖은자로 표기할 때, "일-壹, 이-貳, 삼-參, 사-肆, 오-伍, 육-陸, 칠-柒, 팔-捌, 구-玖, 십-拾, 백-佰, 천-仟, 만-萬"으로 쓴다.

三 才 者 ， 天 地 人 ，
三 光 者 ， 日 月 星 ．

해석

삼재(三才)란 하늘과 땅과 사람이고, 삼광(三光)이란 해와 달과 별의 빛
이다.

한자풀이

三…석 삼   才…재주 재   者…놈 자   天…하늘 천
地…땅 지   人…사람 인   光…빛 광   日…날 일
月…달 월   星…별 성

간체자와 중국음

三(sān)   才(cái)   者(zhě),   天(tiān)   地(dì)   人(rén),
三(sān)   光(guāng)   者(zhě),   日(rì)   月(yuè)   星(xīng).

三才(삼재)　　우주 가운데 존재하는 세 가지.
者(자)　　　　〜라고 하는 것.
三光(삼광)　　세 가지 빛.

해설

고대 중국에서는 이른바 "천지개벽(天地開闢)"이라 하여 처음에 천지가
혼돈 중에 있을 때 가볍고 맑은 것은 위로 떠서 하늘이 되었고, 무겁고 탁
한 것은 아래로 가라앉아 응고가 된 결과 땅이 되었으며, 이 하늘과 땅 사
이에 만물(萬物)과 군생(群生)들이 있게 되었는데 이 중에 대표가 만물
의 영장인 사람이라고 보았던 것이다. 그래서 이 "천지인(天地人)"을 삼
재(三才)라고 한다. 이 "삼재(三才)"에 관한 이야기는 ≪역경(易經)≫
중 계사(繫辭) 하편에 나온다.
하늘의 햇빛과 달빛, 그리고 별빛을 "삼광(三光)"이라고 한 이 말은 반고
(班固)가 지은 ≪백호통의(白虎通義)≫에 나오는 말이다. 우리가 보기에
는 해와 달과 별이 모두 빛을 내고 있는 것처럼 보이지만, 태양 이외의 달
과 별은 스스로 빛을 발하는 것이 아니라 태양빛을 반사해서 빛을 내는 것
으로 "빛"의 성질에 있어서는 다소 차이가 있다. 하지만 보이는 발광(發
光) 현상에 근거하여 하늘의 "삼광(三光)"이라 한 것이다.

三 綱 者 ， 君 臣 義 ，
父 子 親 ， 夫 婦 順 ．

해석

삼강(三綱)이란 임금과 신하간의 의리, 아버지와 아들간의 친함, 남편과
아내간의 화순(和順)함이다.

한자풀이

三…석 삼   綱…벼리 강   者…놈 자   君…임금 군
臣…신하 신   父…아비 부   子…아들 자   親…친할 친
夫…지아비 부   婦…아내 부   順…따를 순

간체자와 중국음

三(sān)   纲(gāng)   者(zhě),   君(jūn)   臣(chén)   义(yì),
父(fù)   子(zǐ)   亲(qīn),   夫(fū)   妇(fù)   顺(shùn).

綱(강)   강령, 법칙. 이 글자의 원래 뜻은 "벼리"임. 벼리는 그물의 위쪽 코를 꿰어서 오므렸다 폈다 하는 줄을 말하는데, 일이나 글의 가장 중요한 부분을 가리키기도 함.

三綱(삼강)   세 가지 강령(綱領). 즉 "군위신강(君爲臣綱)·부위자강(父爲子綱)·부위부강(夫爲婦綱)"을 말함.

義(의)   군신간의 의리.

親(친)   부모와 자식간의 친함.

順(순)   부부가 잘 화합하고 순종함.

해설

삼강(三綱)이란 말 역시 반고(班固) ≪백호통의(白虎通義)≫에 나오는 말로, 이는 신하는 임금에게 충성을, 아들은 아버지에게 복종을, 아내는 남편에게 순종할 것을 강조한 것이다. 이 삼강이 바로 서면 임금은 성스러운 임금으로, 신하는 어진 신하로, 아버지는 자상한 아버지로, 아들은 효성스런 아들로, 남편은 온화한 남편으로, 아내는 유순한 아내로 될 수 있다는 것이다. 본문에서 군신간의 관계를 먼저 언급하고 그 다음으로 부자와 부부관계를 언급하고 있는데, 이 순서는 결코 우선 순위가 아니다. 옛날 유가사상에도 이와 같은 우선 순위는 없었고, 오히려 부부·부자·군신의 관계로 되어 있었음을 알 수 있다. ≪역경(易經)≫〈서괘(序卦)〉편에서 공자는 "천지가 있고 난 후에 만물이 있고, 만물이 있고 난 후에 남녀가 있고, 남녀가 있고 난 후에 부부가 있고, 부부가 있고 난 후에 부자가 있고, 부자가 있고 난 후에 군신이 있다.(有天地然後, 有萬物, 有萬物然後, 有男女, 有男女然後, 有夫婦, 有夫婦然後, 有父子, 有父子然後, 有君臣.)"라고 하였다.

日 春 夏 ， 曰 秋 冬 ，
此 四 時 ， 運 不 窮 ．

해석

봄·여름·가을·겨울, 이는 네 계절로서 그 운행은 끝이 없다.

한자풀이

日…가로 왈 春…봄 춘 夏…여름 하 秋…가을 추
冬…겨울 동 此…이 차 四…넉 사 時…때 시
運…돌 운, 운전할 운 不…아니 불 窮…다할 궁

간체자와 중국음

曰(yuē 春(chūn) 夏(xià), 曰(yuē) 秋(qīu) 冬(dōng),
此(cǐ) 四(sì) 时(shí), 运(yùn) 不(bù) 穷(qióng).

曰(왈)   원래는 "말하다"의 뜻을 가지고 있으나, 여기서는 어
           기사로 아무런 뜻 없이 쓰임.
四時(사시)   네 계절.
運(운)   돌다, 운행되다.
窮(궁)   끝나다, 다하다.
運不窮(운불궁) 돌고 도는 것이 끝없이 계속됨.

해설

본문은 비교적 간단한 내용으로 1년의 네 계절과 그 순환을 밝힌 것이다.
봄이 가면 여름이 오고, 여름이 가면 가을이 오고, 가을이 가면 겨울이 오
는데, 이 계절의 교체는 중단됨이 없이 계속된다는 것이다.
네 계절은 또 다른 별칭(別稱)들을 가지고 있는데, 봄은 청양(靑陽), 여
름은 주명(朱明), 가을은 백장(白藏), 겨울은 현영(玄英)이라고도 한다.
봄에 해당되는 1,2,3월에는 만물이 솟아나고, 여름에 해당되는 4,5,6월에는
만물이 무성하고, 가을에 해당되는 7,8,9월에는 만물이 결실을 맺어 저장을
하게 되고, 겨울에 해당되는 10,11,12월에는 만물이 휴식을 취한다.
각 계절이 별칭을 가지고 있듯이 매 달 역시 별칭이 있다. 1월(정월)은 단
월(端月), 맹춘(孟春). 2월은 화월(花月), 중춘(仲春). 3월은 동월(桐
月), 계춘(季春). 4월은 매월(梅月), 맹하(孟夏). 5월은 포월(蒲月), 중
하(仲夏). 6월은 서월(暑月), 계하(季夏). 7월은 과월(瓜月), 맹추(孟
秋). 8월은 계월(桂月), 중추(仲秋). 9월은 국월(菊月), 계추(季秋).
10월은 양월(陽月), 맹동(孟冬). 11월은 가월(葭月), 중동(仲冬). 12월
은 납월(臘月), 계동(季冬)이라 한다.
또 1년 중에는 24절기가 있는데, 이를 살펴보면 1월에는 입춘(立春)과 우
수(雨水)가 있고, 2월에는 경칩(驚蟄)과 춘분(春分)이, 3월에는 청명(淸
明)과 곡우(穀雨)가, 4월에는 입하(立夏)와 소만(小滿)이, 5월에는 망종
(芒種)과 하지(夏至)가, 6월에는 소서(小暑)와 대서(大暑)가, 7월에는
입추(立秋)와 처서(處暑)가, 8월에는 백로(白露)와 추분(秋分)이, 9월

에는 한로(寒露)와 상강(霜降)이, 10월에는 입동(立冬)과 소설(小雪)이, 11월에는 대설(大雪)과 동지(冬至)가, 12월에는 소한(小寒)과 대한(大寒)이 들어 있다. 이 중 입춘·춘분·입하·하지·입추·추분·입동·동지를 팔절(八節), 즉 여덟 절기라고 한다.

曰南北，曰西東，
此四方，應乎中．

해석

남(南)과 북(北), 서(西)와 동(東), 이 네 방향은 가운데 점에서 서로 대응된다.

한자풀이

曰…가로 왈   南…남녘 남   北…북녘 북   西…서녘　서
東…동녘 동   此…이 차   四…넉 사   方…모 방, 방
위 방   應…응할 응   乎…어조사 호   中…가운데 중

간체자와 중국음

曰(yuē)   南(nán)   北(běi),   曰(yuē)   西(xī)   东(dōng),
此(cǐ)   四(sì)   方(fāng), 应(yìng) 乎(hū)   中(zhōng).

曰(왈)　　　　원래 뜻은 "말하다". 본문에서는 어기사로 아무런 뜻 없이
　　　　　　　쓰임.
四方(사방)　　네 방향. 즉 방위에서 가장 기본이 되는 동쪽과 서쪽과 남
　　　　　　　쪽과 북쪽.
應(응)　　　　상응, 대응, 호응되다.
乎(호)　　　　～에(서).
中(중)　　　　네 방향이 모이는 중심.

■ 해설

동서남북 이 네 방향은 어떤 중심이 있어야만 그 방향이 정해지는 것이다.
예컨대 해가 솟는 곳을 바라보고 섰을 때 정면은 동쪽이 된다. 이 동쪽에
호응되는 뒤쪽은 서쪽이 되어 서로 상응하고, 오른손 쪽은 남쪽으로, 이에
호응되는 왼손 쪽은 북쪽이 되어 서로 상응한다.
중국 초기의 지남침(指南針)에는 8개의 방위가 표시되어 있는데, 건(乾)
은 북, 감(坎)은 동북, 간(艮)은 동, 진(震)은 동남, 손(巽)은 남, 리
(離)는 서남, 곤(坤)은 서, 태(兌)는 서북을 말한다.
옛날 사람들은 네 종류의 동물로 사방을 표현하기도 하였는데, 동(東)은
청룡(靑龍)으로, 서(西)는 백호(白虎), 남(南)은 주작(朱雀), 북(北)은
현무(玄武)로 나타내었다.

17

日 水 火 ， 木 金 土 ，
此 五 行 ， 本 乎 數 ．

해석

수(水:물)·화(火:불)·목(木:나무)·금(金:쇠)·흙(土:흙), 이 오행
(五行)은 숫자에 그 근원을 두고 있다.

한자풀이

曰…가로 왈	水…물 수	火…불 화	木…나무 목
金…쇠 금	土…흙 토	此…이 차	五…다섯 오
行…갈 행	本…근본 본	乎…어조사 호	數…셀 수

간체자와 중국음

曰(yuē)　水(shuǐ)　火(huǒ),　木(mù)　金(jīn)　土(tǔ),
此(cǐ)　五(wǔ)　行(xíng),　本(běn)　乎(hū)　数(shù).

曰(왈)　　　　원래 뜻은 "말하다". 본문에서는 어기사로 아무런 뜻 없이 쓰임.

五行(오행)　　우주간에 쉬지 않고 운행된다는 다섯 원소. 즉 수(水)·화(火)·목(木)·금(金)·토(土). 이 오행의 상생상극(相生相剋)에 의하여 만물이 소장(消長)·생존한다는 것.

本(본)　　　　～에 기초를 두다, ～에 근원을 두다, ～에 근거하다.

乎(호)　　　　～에(서).

數(수)　　　　음양(陰陽)과 복서(卜筮) 따위로 길흉을 점치는 술수(術數)의 간칭. 천리(天理)·수리(數理)·명리(命理) 등을 가리킴.

해설

중국의 고대 사상가들은 오행(五行)은 만사만물(萬事萬物)의 근본이며 이는 천리(天理)에 따라 결정된다고 인식하고 이것에 근거하여 세상 만물의 기원을 설명하고자 하였다. 천하의 이치는 모두 이 오행으로부터 파생이 되고, 천하의 모든 수(數)는 다 오행으로 추산(推算)이 된다고 보았다. 또 이들은 천지간(天地間)에는 음양(陰陽)이란 이기(二氣)가 있는데, 이것에서 오행이 나오게 되었고, 이 다섯 가지 원소(元素)는 서로 의존 관계를 가지기도 하는 동시에 서로 상극(相剋) 관계를 가지면서 상호 배척을 하기도 한다고 보았다. 오늘날 중의(中醫)에서는 이 오행으로 생리(生理)·병리(病理)상의 각종 현상들을 설명하기도 한다. 즉 심장(心腸)은 화(火)에 속하고, 간(肝)은 목(木)에, 비장(脾臟:지라)은 토(土)에, 폐(肺)는 금(金)에, 신장(腎臟:콩팥)은 수(水)에 속한다고 설명한다. 또 일부 미신을 신봉하는 사람들은 이 오행의 상생상극(相生相剋)[7] 이론을 이용하여 인간의 운명을 점치기도 한다

수(水)에서 목(木)이 나오고, 목(木)에서 화(火)가 나오고, 화(火)에서 토(土)가 나오고, 토(土)에서 금(金)이 나오고, 금(金)에서 다시 수(水)

---

7)　상생상극(相生相剋) : 오행설(五行說)에서 금(金)·목(木)·수(水)·화(火)·토(土)의 운행이 서로 조화되는 관계와 조화될 수 없는 관계를 이르는 말.

가 나온다는 이론은 오행의 상생(相生) 관계이고, 수(水)는 화(火)를 이기고, 화(火)는 금(金)을 이기고, 금(金)은 목(木)을 이기고, 목(木)은 토(土)를 이기고, 토(土)는 다시 수(水)를 이긴다는 논리는 오행의 상극(相剋)관계를 말한다.

오행으로 방위를 나타낼 때 수(水)는 북쪽, 화(火)는 남쪽, 목(木)은 동쪽, 금(金)은 서쪽, 토(土)는 중앙을 나타낸다. 또 색깔을 나타낼 때 수(水)는 검은 색, 화(火)는 붉은 색, 목(木)은 푸른 색, 금(金)은 하얀 색, 토(土)는 누른 색을 나태내고, 덕(德)을 나태낼 때는 수(水)로 지혜를, 화(火)로 예의를, 목(木)으로 어짐을, 금(金)으로 의리를, 토(土)로 믿음을 나타낸다.

18

曰 仁 義 ， 禮 智 信 ，
此 五 常 ， 不 容 紊 ．

해석

어짐·의리·예의·지혜·믿음, 이 오상(五常)은 문란(紊亂)해서는 안
된다.

한자풀이

曰…가로 왈   仁…어질 인   義…옳을 의   禮…예도 례
智…지혜 지   信…믿을 신   此…이 차   五…다섯 오
常…항상 상   不…아니 불   容…얼굴 용   紊…어지러울 문.

간체자와 중국음

曰(yuē)   仁(rén)   义(yì),   礼(lǐ)   智(zhì)   信(xìn),
此(cǐ)   五(wǔ)   常(cháng),   不(bù)   容(róng)   紊(wěn).

주석

曰(왈)　원래 뜻은 "말하다". 본문에서는 어기사로 아무런 뜻 없이 쓰임.

仁(인)　어진 것. 최고의 도덕 준칙이나 도덕적인 인품.

義(의)　사람으로서 지켜야 할 올바른 도리. 정의를 가지고 분발하며 과감한 것.

禮(예)　올바른 예의를 가지고 겸손하고 공손한 것.

智(지)　총명하고 지혜로워서 사리(事理)를 잘 분별 할 수 있는 능력.

信(신)　신용을 지키며 진실하고 정직한 것.

常(상)　불변의 도(道). 늘 사람이 행하여야 할 규칙·규범·준칙. 오상(五常)은 유가(儒家)에서 제창한 다섯 가지 인간의 행위 준칙과 도덕 규범.

容(용)　허용하다. 용납하다. 불용(不容)은 받아들이지 않음, ～해서는 안됨.

紊(문)　뒤섞여 어지럽다. 혼잡하고 어수선하다.

해설

원(元)·형(亨)·이(利)·정(貞)[8]은 천도(天道)의 준칙이고, 인(人)·의(義)·예(禮)·지(智)·신(信)은 인성(人性)의 강령이다.

사람의 성격은 그 마음에서 싹이 터서, 그 마음에 따라 겉으로 발현(發顯)이 된다. 이 오상(五常)을 사단(四端)[9]과 연결하여 정리를 해 보면, 측은지심(惻隱之心)[10]에서 출발하여 온유하고 관대한 모습으로 표현이 되는 것이 곧 인(仁)이요, 수오지심(羞惡之心)[11]에서 출발하여 의지가 굳고 견강한 모습으로 표현이 되는 것이 의(義)이며, 사양지심(辭讓之心)[12]에서 출발하여 마음가짐이 올바르고 정도(正道)를 지키는 것이 예

---

8) 원형이정(元亨利貞) : 천도(天道)의 네 가지 덕(德). 원(元)은 봄이니 만물의 시초로 인(仁)이 되고, 형(亨)은 여름이니 만물이 자라 예(禮)가 되고, 이(利)는 가을이니 만물이 이루어 의(義)가 되고, 정(貞)은 겨울이니 만물을 거두어 지(智)가 됨.

9) 사단(四端) : 인(仁)·의(義)·예(禮)·지(智)의 단서가 되는 네 가지 마음씨. 즉 측은지심(惻隱之心)·수오지심(羞惡之心)·사양지심(辭讓之心)·시비지심(是非之心).

10) 측은지심(惻隱之心) : 불쌍히 여기는 마음. 동정심(同情心)

11) 수오지심(羞惡之心) : 자기의 옳지 못함을 부끄러워하고 남의 옳지 못함을 미워하는 마음.

(禮)이며, 시비지심(是非之心)13)에서 기인하여 문리(文理)에 밝은 것이 지(智)이며, 진실되고 충직(忠直)·순후(淳厚)한 모습으로 표현되는 것이 신(信)이다. 이 오상(五常)의 도리를 온전하게 얻어 실천만 할 수 있다면 고상한 인품을 가진 훌륭한 사람이 될 수 있을 것이다.

---

12) 사양지심(辭讓之心) : 겸손하여 남에게 사양할 줄 아는 마음.
13) 시비지심(是非之心) : 옳고 그름을 가릴 줄 아는 마음.

19

稻 粱 菽 , 麥 黍 稷 ,
此 六 穀 , 人 所 食 .

해석

벼·조·콩, 보리·메기장·차기장, 이 여섯 곡식은 사람이 먹는 것이다.

한자풀이

稻…벼 도   粱…기장 량   菽…콩 숙   麥…보리 맥
黍…기장 서   稷…기장 직   此…이 차   六…여섯 육
穀…곡식 곡   人…사람 인   所…바 소   食…먹을 식

간체자와 중국음

稻(dào)   粱(liáng)   菽(shū),   麦(mài)   黍(shǔ)   稷(jì),
此(cǐ)   六(liù)   谷(gǔ),   人(rén)   所(suǒ)   食(shí).

稻(도)	벼.
粱(량)	조의 일종. 황량(黃粱)·백량(白粱)·청량(靑粱) 등 세 종류가 있음. 중국에서 조를 귀하게 여겼던 관계로 전(轉)하여 좋은 곡식, 좋은 쌀의 뜻으로 쓰이기도 함.
菽(숙)	콩의 총칭. 황(黃)·흑(黑)·청(靑)·백(白)·적(赤)·강(豇)·편(扁)·완(宛) 등의 종류가 있음.
麥(맥)	보리. 밀도 포함 됨.
黍(서)	기장. 오곡의 하나. 서(黍)와 직(稷)은 모두 다 기장이지만, (黍稷)이라고 연용(連用)할 때 서(黍)는 메기장을, 직(稷)은 차기장을 가리킴.
六穀(육곡)	여섯 가지 곡식.
所(소)	~하는 바.
食(식)	먹다.

해설

우리나라에서 오곡(五穀)이라 하면 쌀·보리·콩·조·기장을 가리키며, 때로는 모든 곡식을 통틀어 말하기도 한다. 본문에서 말하고 있는 육곡(六穀)도 실제로는 우리나라에서 말하는 오곡과 같은 개념이다. 왜냐하면 메기장과 차기장은 모두 같은 기장 종류이기 때문에 오곡이라 해도 무방한 것이다.

중국의 고대 신화 전설을 보면, 후직(后稷)[14]이 순임금을 섬길 때 사람들에게 농사 짓는 법을 가르쳤다는 내용이 나오듯이, 중국에서는 아주 일찍부터 식량이 될 수 있는 이런 작물들을 알아내어 주요 농작물로 경작을 해 왔던 것이다. 상대(商代) 때 만들어졌던 갑골문 중에서도 이런 곡식들의 명칭들이 거의 기록되어 있으니, 오곡의 역사는 대단히 길다고 하겠다. 호

---

14) 후직(后稷) : 중국 주(周)나라의 시조(始祖). 성은 희(姬)요, 이름은 기(棄)인데, 그의 이름은 어머니가 거인의 발자국을 밟고 잉태하여 낳아서 불길하다 하여 세 차례나 버려졌으므로 기(棄)라고 하였다 함.

남성(湖南省) 주주시(株洲市)의 운양대지택(雲陽大地澤) 문화유적지에서는 신석기 시대의 도기가 출토되었는데, 그 안에 지금으로부터 5150년 전의 볍씨 표본이 들어 있었으며, 1994년 호남성 도현(道縣) 옥섬암(玉蟾巖) 문화유적지에서는 세계적으로 가장 보존이 잘 된 최초의 볍씨가 발견되기도 하였다.

馬 牛 羊 ， 鷄 犬 豕 ，
此 六 畜 ， 人 所 飼 .

해석

말·소·양, 닭·개·돼지, 이 여섯 가축은 사람이 기르는 것이다.

한자풀이

馬…말 마	牛…소 우	羊…양 양	鷄…닭 계
犬…개 견	豕…돼지 시	此…이 차	六…여섯 육
畜…기를 축	人…사람 인	所…바 소	飼…먹일 사

간체자와 중국음

马(mǎ)	牛(niú)	羊(yáng),	鸡(jī)	犬(quǎn)	豕(shǐ),
此(cǐ)	六(liù)	畜(chù),	人(rén)	所(suǒ)	饲(sì).

馬(마)　　　말. 말은 무거운 짐을 지고 멀리까지 갈 수 있음.
牛(우)　　　소. 짐을 나르고 경작을 할 수 있음.
羊(양)　　　양. 양은 제물을 제공해 줌.
鷄(계)　　　닭. 닭은 새벽을 알려 줌.
犬(견)　　　개. 개는 집을 지키고 밤에 도둑을 지켜 줌. 일설에 "犬(견)"
　　　　　　은 큰 개를, "狗(구)"는 작은 개라 함.
豕(시)　　　돼지. 돼지는 먹을 것을 제공해 줌.
畜(축)　　　집에서 기르는 가축.
所(소)　　　~하는 바.
飼(사)　　　사육함을 말함.

해설

본문은 사람이 집에서 키우는 가축에 대한 내용이다. 지금은 아주 흔하고 친숙한 가축들이지만, 이들이 수렵과 채집으로 살아가던 상고시대 때부터 인간들에 의해 사육되었던 것은 아니다. 처음에는 필요한만큼 동물들을 잡아서 배고픔을 해소하면 그것으로 그만이었다. 그러나 수렵 도구가 개발되고 기술이 발전하면서 동물들을 쉬운 방법으로 많이 잡게 되었고, 그러다 보니 어쩔 수 없이 포획한 동물들을 잡아 먹을 때까지 임시로 관리를 해야 했던 것이다. 그러다가 큰 상처를 입었거나 사나운 동물들은 먼저 잡아 먹고, 비교적 순하고 길들이기 쉬운 동물들은 좀 오래 두면서 불시에 필요할 때를 대비하였던 것이다. 가장 먼저 사육의 대상으로 삼았던 동물을 연구자들은 개로 보고 있다. 알다시피 개는 다른 동물들과는 달리 사람과 가장 친밀하게 지낸다. 그래서 옛날부터 개는 사냥을 도와주거나 집을 지키는 일을 담당하면서 인간에게 유익함을 줄 수 있었다. 갈수록 길들이기 쉽고 온순하며 인간의 생활에 도움을 줄 수 있는 동물들을 선택하여 사육을 하게 되었으니, 본문에서 언급한 이런 동물들이 바로 여기에 속한다. 고고학자들의 연구에 따르면 중국에서는 약 6천년 전부터 이런 가축들이 이미 기본적으로 사육되고 있었다고 한다. 여하튼 이 육축들은 오늘에 이르기까지 우리 인간들의 삶과 불가분의 관계를 가지고 공존해 가고 있는 것이다.

21

曰 喜 怒 ， 曰 哀 懼 ，
愛 惡 欲 ， 七 情 具 ．

해석

기쁨과 성냄과 슬픔과 두려움, 사랑과 미움과 욕망. 이 칠정(七情)은 누구에게나 다 있는 것이다.

한자풀이

曰…가로 왈   喜…기쁠 희   怒…성낼 노   哀…슬플 애
懼…두려워할 구   愛…사랑 애   惡…미워할 오   欲…하고자할 욕
七…일곱 칠   情…뜻 정   具…갖출 구

간체자와 중국음

曰(yuē)   喜(xǐ)   怒(nù),   曰(yuē)   哀(āi)   惧(jù),
爱(ài)   恶(wù)   欲(yù),   七(qī)   情(qíng)   具(jù).

曰(왈)   원래는 "말하다"라는 뜻. 여기서는 아무 뜻 없이 쓰임.
喜(희)   기쁨. 마음의 환락.
怒(노)   성냄.
哀(애)   슬퍼함. 마음이 아픔.
懼(구)   두려움. 공포.
愛(애)   사랑하다, 소중하게 여기다.
惡(오)   미워하다. 증오하다, 혐오하다.
欲(욕)   욕망. 마음의 바램.
情(정)   마음의 움직임. 감정. 七情(칠정)은 사람의 일곱가지 감정.
具(구)   구비하다, 가지고 있다.

해설

사람의 칠정(七情)은 태어나면서부터 누구나 다 가지고 태어나는 기본적인 감정이다. 이 칠정을 가장 먼저 언급한 책은 ≪예기(禮記)≫이다. 이 책의 〈예운(禮運)〉편에 보면 "어떠한 것을 인정(人情)이라고 하는가? 희노애락애오욕(喜怒哀懼愛惡欲)으로, 이 일곱 가지는 배우지 않아도 할 수 있는 것이다.(何謂人情. 喜怒哀懼愛惡欲, 七者弗學而能.)"라고 하였다. 누구나 가지고 있는 이 감정을 어떻게 다스리느냐 하는 문제가 관건이다. 왜냐하면 그 감정의 조절 여하에 따라 그 결과가 천양지차(天壤之差)를 보이기 때문이다. 옛 성현들은 천리(天理)를 따라서 지혜롭게 물욕(物慾)을 버리고, 정서의 변화와 욕망을 따라 변할 수 있는 감정을 잘 제어하여 자칫 잘못하면 저지를 수도 있는 실수나 잘못을 슬기롭게 잘 극복해 나갈 수 있었기에 오늘날까지 그들이 존경받고 있는 것이다.

22

匏 土 革 ， 木 石 金 ，
絲 與 竹 ， 乃 八 音 ．

해석

포(匏:생황), 토(土:토제 악기), 혁(革:북), 목(木:목제 악기), 석(石:경쇠), 금(金:금속 악기), 사(絲:거문고), 죽(絲:퉁소) 등이 고대 악기의 팔음(八音)이다.

한자풀이

匏…박 포	土…흙 토	革…가죽 혁	木…나무 목
石…돌 석	金…쇠 금	絲…실 사	與…더불 여
竹…대 죽	乃…이에 내	八…여덟 팔	音…소리 음

간체자와 중국음

匏(páo)	土(tǔ)	革(gé),	木(mù)	石(shí)	金(jīn),
丝(sī)	与(yǔ)	竹(zhú),	乃(nǎi)	八(bā)	音(yīn).

匏(포)　　　박과 열 일곱 개의 대나무 관으로 만든 악기. 생황(笙簧).

土(토)　　　흙으로 만든 악기. 질나팔. 속이 빈 달걀 모양에 여섯 또는 여덟 개의 구멍이 있음.

革(혁)　　　소가죽이나 양가죽으로 만든 악기. 북.

木(목)　　　나무로 만든 악기. 축(柷) 따위의 악기.

石(석)　　　옥석(玉石)으로 만든 악기. 경(磬) 따위의 악기.

金(금)　　　쇠로 만든 악기. 종이나 징 따위의 악기.

絲(사)　　　줄이 있는 악기. 비파나 거문고 따위.

與(여)　　　～과.

竹(죽)　　　퉁소나 피리 같이 대나무로 만든 악기.

乃(내)　　　이에. 바로.

音(음)　　　원래는 "소리", "음악"이란 뜻이나, 여기서는 "악기"란 뜻으로 쓰임. 팔음(八音)은 여덟 가지의 악기를 가리킴.

○ 해설

중국의 팔음(八音)은 중국 전통 악기를 분류한 것으로, 이 분류법은 ≪상서(尙書)≫〈요전(堯典)〉편에 처음으로 나타나 보이며, 이 팔음의 명칭은 모두 악기를 만든 재료에서 취한 것이다.

중국에서는 상고(上古) 시기의 황제(皇帝) 때부터 이 팔음(八音)이 만들어졌으며, 오제(五帝) 삼왕(三王) 때에도 모두 각각 그들의 음악이 있었다고 한다. 예컨대 순제(舜帝) 때에는 "소(詔)"라는 음악이 있었는데, 이 소악(詔樂)은 아주 아름다웠다고 한다. ≪논어(論語)≫에 보면 다음과 같은 구절이 있다. "공자가 제(齊)나라에 있을 때, 소(詔)라는 음악을 듣고 석 달이나 고기맛을 잊었다. 공자가 소(詔)에 대해 말하기를, '음악이 이렇게 훌륭한 경지까지 이르리라고는 생각도 못했다.'고 하였다.(子在齊聞詔, 三月不知肉味. 曰, 不圖爲樂之至於斯也.)"

23

高 曾 祖 ， 父 而 身 ，
身 而 子 ， 子 而 孫 ．

해석

고조부 · 증조부 · 조부, 아버지 그리고 나, 나와 아들, 아들과 손자.

한자풀이

高…높을 고   曾…일찍 증   祖…조상 조, 할아비 조
父…아비 부   而…말이을 이   身…몸 신
子…아들 자   孫…손자 손

간체자와 중국음

高(gāo)   曾(zēng)   祖(zǔ),   父(fù)   而(ér)   身(shēn),
身(shēn)   而(ér)   子(zǐ),   子(zǐ)   而(ér)   孙(sūn).

주석

高(고)	고조부. 증조부의 아버지.
曾(증)	증조부. 할아버지의 아버지.
祖(조)	조부. 아버지의 아버지.
父(부)	아버지.
而(이)	접속사. 그리고.
身(신)	나 자신.
子(자)	아들.
孫(손)	손자.

해설

본문은 가족의 직계(直系) 혈연 관계를 밝힌 내용이다. 자기를 중심으로 하여 위로 4대는 고조(高祖)·증조(曾祖)·조부(祖父)·부친(父親)이고, 아래로 4대는 아들·손자(孫子)·증손(曾孫)·현손(玄孫)이 된다. 이렇게 나를 중심으로 하여 아래 위 4대를 모두 합해서 구족(九族)이라 한다. 이 구족에서 본문은 위의 직계를 언급한 것이고, 아래 직계는 다음 본문에서 계속된다.

가족의 조직은 사회 전체를 조직하는 기본이라 할 수 있다. 특히 고대 중국에서는 통치계급의 내부 관계나 사람과 사람간의 관계 등이 모두 친족 관계와 밀접한 관계를 가지고 있었다. 옛날에는 3족·7족·9족 등과 같은 친족 관계의 범위를 나타내는 말이 자주 쓰였다. 3족의 범위를 "아버지 형제-자기-아들 형제"로 보는 경우도 있지만, 어떤 사람은 "부계 친족-모계 친족-처가 친족"으로 보기도 한다.

혈연 관계에서 중요한 것은 효도이다. 그 효도의 정도에 따라서 가정이 화목하기도 하고 불란이 일기도 하며, 또 그 가문의 영광과 불명예에 큰 영향을 미치기도 한다.

自 子 孫 ， 至 玄 曾 ，
乃 九 族 ， 人 之 倫 ．

해석

아들·손자(孫子)로부터, 현손(玄孫)·증손(曾孫)에 이르기까지, 이 구족(九族)은 사람의 질서이다.

한자풀이

自…스스로 자　　子…아들 자　　孫…손자 손　　　至…이를 지
玄…검을 현　　　曾…일찍 증　　乃…이에 내　　　九…아홉 구
族…겨레 족　　　人…사람 인　　之…갈 지, 어조사 지
倫…인륜 윤

간체자와 중국음

自(zì)　　　子(zǐ)　　　孙(sūn)，　　至(zhì)　　玄(xuán)　　曾(zēng)，
乃(nǎi)　　九(jiǔ)　　　族(zú)，　　人(rén)　　之(zhī)　　伦(lún)．

自(자)	~로부터.
子孫(자손)	아들과 손자.
至(지)	~에 이르기까지.
玄曾(현증)	현손자(玄孫子)와 증손자(曾孫子). 현손자는 손자의 손자이고, 증손자는 손자의 아들임.
乃(내)	바로. 곧 ~이다.
九族(구족)	고조(高祖)로부터 현손자(玄孫子)에 이르기까지의 직계 친족.
之(지)	~의.
倫(윤)	질서. 인륜(人倫)의 상도(常道).

■ 해설

본문은 앞장에 이어 계속적으로 직계 친족의 9대 관계를 밝힌 것이다. 여기서는 자기를 중심으로 부계(父系) 중심의 9족을 밝힌 것이지만, 방계친(傍系親)으로 고조(高祖)의 4대손이 되는 형제(兄弟)·종형제(從兄弟)·재종형제(再從兄弟)·삼종형제(三從兄弟)를 포함하는 동종(同宗) 친족도 있다.

9족에 관한 이야기는 ≪상서(尚書)≫ 중의 〈요전(堯典)〉편에 처음으로 보인다. 요(堯) 임금이 자신의 뛰어난 덕과 지혜를 발휘하여 자신의 9족들을 화목하게 하였고, 이를 더욱 발전시키고 확대하여 마침내는 천하의 모든 사람들이 화목하게 지내도록 하였다고 한다. 9족의 친족관계는 고대 예제(禮制)와 법제(法制)와 매우 밀접한 관계를 가지고 있었다. 그리하여 한 사람이 죄를 지었을 때, 그와 연관된 9족들이 모두 피해를 보아야 했고, 또 누군가가 세상을 떠나면 그와 연관된 9족들은 그 친소(親疎) 관계에 따라 서로 다른 상복(喪服)을 입거나 서로 다른 상기(喪期)를 지켰던 것이다.

父 子 恩 , 夫 婦 從 ,
兄 則 友 , 弟 則 恭 .

해석

부자(父子) 사이에는 은혜와 사랑이 있어야 하고, 부부(夫婦) 사이에는
복종함이 있어야 하며, 형은 동생을 우애하고, 동생은 형을 공경할 줄 알아
야 한다.

한자풀이

부…아비 부 　　　子…아들 자 　　　恩…은혜 은 　　　夫…남편 부
婦…아내 부 　　　종…따를 종 　　　兄…맏 형 　　　則…곧 즉
友…벗 우 　　　弟…아우 제 　　　恭…공경할 공

간체자와 중국음

父(fù) 　　子(zǐ) 　　恩(ēn), 　　夫(fū) 　　妇(fù) 　　从(cóng),
兄(xiōng) 则(zé) 　　友(yǒu), 　弟(dì) 　　则(zé) 　　恭(gōng).

父子恩(부자은)   아버지와 아들간의 은혜. 여기의 "恩(은)"은 자식이
              부모의 은혜에 보답해야 함을 말함.
夫婦從(부부종)   남편과 아내간의 순종. 여기의 "從(종)"은 아내가 남
              편에게 순종해야 함을 말함.
則(즉)   ～곧.
友(우)   우애롭다. 형이 동생을 아끼는 것.
恭(공)   공손하다. 동생이 형을 존경하는 것.

■ 해설

본문은 부자간의 관계, 부부간의 관계, 형제간의 관계에서의 도리를 밝힌
부분이다. 부모의 자식에 대한 사랑은 지극하기만 하다. 이런 부모의 사랑
과 정성을 노래한 시가 있으니, 당대(唐代) 시인 맹교(孟郊)가 지은
≪유자음(游子吟)≫이 바로 그것이다. 시인은 먼길을 떠나는 자식을 위해
촘촘히 옷을 꿰매 주는 어머니의 모습에서 그 사랑을 읽은 것이다. 어머니
의 아들에 대한 이 지극한 사랑은 마치 봄날의 따뜻한 햇빛과 같은 것이며,
그 아들은 햇빛을 받고 무럭무럭 자라는 풀과도 같은 것. 그러나 그 풀은
봄빛의 은혜에 감사를 하려고 해도 어떻게 감사할 방법이 없듯이, 자신도
그 어머니의 사랑과 관심에 감사를 하고자 하여도 쉽지가 않다는 심정을
노래한 것이다. 본문에서의 "父(부)"나 시(詩)에서의 "母(모)는 모두 부
모님을 대표하는 것이다.
부부간의 이야기로는 두 사람이 서로 화합하여 부창부수(夫唱婦隨)하며,
아내가 지극한 태도로 남편을 받들고 순종한 이야기에서 생겨난 성어 "거
안제미(擧案齊眉)"15)가 그 좋은 예라 하겠다.
또 형제간의 우애와 공경에 관한 이야기도 많지만, 형제간에 이런 도리를
저버려서 유명한 이야기도 있는데, 조식(曹植)이 ≪칠보시(七步詩)≫16)

---

15) 거안제미(擧案齊眉) : 밥상을 눈썹 높이까지 들어올려 남편에게 바친다는 뜻으로 남
    편을 깍듯이 공경함을 이르는 말.
16) 煮豆持作羹(자두지작갱), 漉菽以爲汁(녹숙이위즙), 萁在釜下然(기재부하연), 豆在釜中泣
    (두재부중읍), 本自同根生(본자동근생), 相煎何太急(상전하태급).

를 짓게 된 이야기이다. 한 때 조식이 그의 형 조비(曹丕)에게 미움을 샀는데, 형은 동생을 죽일 생각으로 일곱 걸음을 걷는 동안에 한 수의 시를 완성시켜야지 그렇지 못하면 사형에 처하겠다고 했다. 이때 조식이 쓴 시가 바로 ≪칠보시≫다. 시의 내용은 이러하다. "콩을 쪄서 마실 죽을 만들고, 콩을 삶아서 먹을 즙을 만드는데, 콩껍질은 땔감이 되어 솥 아래서 타고 있고, 콩은 솥 안에서 울고 있다. 콩이나 콩껍질이나 모두 같은 뿌리에서 났건만, 어찌 이렇게 콩을 삶아 괴롭게 하는가?" 조식은 일곱 걸음을 걷기 전에 이렇게 시를 지어 같은 부모에게서 난 형제끼리 무정함을 보이는 것을 풍자했던 것이다.

26

長 幼 序 ， 友 與 朋 ，
君 則 敬 ， 臣 則 忠 ．

해석

어른과 어린이 사이에는 차례가 있어야 하고, 친구와 친구 사이에는 친함이 있어야 하며, 임금은 신하를 존중해야 하고, 신하는 임금에게 충성을 해야 한다.

한자풀이

長…길 장   어른 장   幼…어릴 유   序…차례 서
友…벗 우   與…더불 여, 친할 여   朋…벗 붕
君…임금 군   則…곧 즉   敬…공경할 경   臣…신하 신
忠…충성 충

간체자와 중국음

长(zhǎng) 幼(yòu) 序(xù), 友(yǒu) 与(yǔ) 朋(péng),
君(jūn) 则(zé) 敬(jìng), 臣(chén) 则(zé) 忠(zhōng).

長幼(장유)　　어른과 어린이.
序(서)　　　　차례, 서열.
與(여)　　　　친하다. 친구끼리 믿음을 가지고 친하게 지내다.
則(즉)　　　　~곧.
敬(경)　　　　존중하다. 임금이 신하에게 할 도리.
忠(충)　　　　충성하다. 신하가 임금에게 할 도리.

■ 해설

인륜(人倫)에는 "오륜(五倫)"과 "십의(十義)"가 있는데, 앞장에서 부자 간의 관계, 부부간의 관계, 형제간의 관계 및 도리를 밝힌 것에 이어 본문에서는 그 나머지 부분을 설명하고 있다.

"오륜(五倫)"은 부자(父子)・부부(夫婦)・형제(兄弟)・붕우(朋友)・군신(君臣)간의 도리를 말한 것이고, "십의(十義)"는 이를 좀 더 구체적으로 설명한 것으로, 아버지는 자식에게 자상해야 한다는 "부자(父慈)", 자식은 어버이께 효성스러워야 한다는 "자효(子孝)", 남편은 아내에게 온화해야 한다는 "부화(夫和)", 아내는 남편에게 순종해야 한다는 "부순(婦順)", 형은 동생을 사랑해야 한다는 "형애(兄愛)", 동생은 형에게 공경해야 한다는 "제공(弟恭)", 친구끼리는 올바름과 믿음이 있어야 한다는 "붕의(朋義)"와 "우신(友信)", 임금은 신하를 존중할 줄 알아야 한다는 "군경(君敬)", 신하는 임금에게 충성을 다 해야 한다는 "신충(臣忠)"이 바로 이것이다.

27

此 十 義 , 人 所 同 .

해석

이 십의(十義)는 사람마다 똑 같이 지켜야 할 바이다.

한자풀이

此…이 차 　　　 十…열 십 　　　 義…옳을 의 　　　 人…사람 인
所…바 소 　　　 同…같을 동

간체자와 중국음

此(cǐ) 　　 十(shí) 　　 义(yì), 　　 人(rén) 　　 所(suǒ) 　　 同(tóng).

此(차)	이것. 앞에서 열거한 것들을 가리킴.
十義(십의)	사람으로서 지켜야 할 열 가지 도리. 즉, 부자(父慈)·자효(子孝)·부화(夫和)·부순(婦順)·형애(兄愛)·제공(弟恭)·붕의(朋義)·우신(友信)·군경(君敬)·신충(臣忠)을 말함.
所(소)	~하는 바.
同(동)	동일하다. 모두에게 적용된다.

■ 해설

본문은 앞에서 이야기한 열 가지 도리(道理)들이 모든 사람에게 다 적용된다는 것을 밝힌 것이다. 이 십의(十義)는 오륜(五倫)을 각각 둘로 나누어 좀더 구체적으로 살핌으로써 열 가지 조목이 된 것이다. 이 십의(十義)는 ≪예기(禮記)≫ 중의 〈예운(禮運)〉편에 보인다.

부자간에 있어서, 부모 없는 자식 없기에 자식은 마땅히 부모에게 효도해야 할 것이고, 자식은 자기 생명의 연속이기에 사랑과 관심을 쏟지 않을 수 없는 것이다. 부부간에 있어서는 아무 연관도 없는 사람끼리 인연에 따라 만나 일심동체(一心同體)라고 하는 부부가 되었으니 부창부수(夫唱婦隨, 婦唱夫隨)하지 않을 수 있겠는가? 또 부모의 기(氣)를 꼭 같이 타고난 형제간에 있어서는 누구보다도 먼저 사랑과 우애로써 관심을 쏟아야할 관계이어야 하는 것이다. 사회생활을 함에 있어서는 친구가 그만큼 중요하기에, 의리와 믿음을 바탕으로 하여 항상 좋은 관계를 유지할 수 있도록 노력하여야 한다. 친구는 가까울수록 서로를 존중하는 마음을 가져야 하며, 때로는 다소 손해보는 경우가 있더라도 상대의 입장에서 이해를 하게되면 그 모든 양보나 희생이 언젠가는 자기 자신에게로 다시 돌아오게 되는 것이다. 오늘날의 군신 관계는 봉건사회 때의 관계와는 많이 달라졌지만, 그래도 근본적인 도리는 변함이 없다 할 것이다.

28

凡 訓 蒙 ， 須 講 究 ，
詳 訓 詁 ， 明 句 讀 .

해석

무릇 어린이를 가르칠 때는 반드시 좋은 방법을 강구하여, 그 뜻을 상세히
알도록 함은 물론이고 끊어 읽기를 분명하게 해야 한다.

한자풀이

凡…무릇 범   訓…가르칠 훈   蒙…입을 몽, 어릴 몽
須…모름지기 수   講…익힐 강   究…궁구할 구
詳…자세할 상   詁…훈고 고   明…밝을 명
句…글귀 구   讀…구두 두, 읽을 독

간체자와 중국음

凡(fán)   训(xùn)   蒙(méng),   须(xū)   讲(jiǎng)   究(jiū),
详(xiáng)   训(xùn)   诂(gǔ),   明(míng)   句(jù)   读(dòu).

凡(범)   무릇.

訓蒙(훈몽)   어린 아이를 가르침. "蒙(몽)"은 막 입학하여 글을 배우기
                시작한 아동을 나타냄.

須(수)   반드시.

講究(강구)   좋은 방법을 궁리하다.

詳(상)   자세하다. 상세하게 해석하다.

訓詁(훈고)   經書(경서) 등 古文(고문)에 대한 考證(고증)・해석・
                주해 등을 통틀어 이르는 말.

明(명)   명확하게 밝힘. 분명하게 이해시킴.

句讀(구두)   글을 읽기에 편하도록 句節(구절)이 떨어진 곳에 점이나
                부호를 표하는 일.

🔲 해설

본문은 어린 아동에게 글을 가르칠 때 글자마다 구절마다 상세하게 설명을 해 주고, 또 의미 파악을 쉽게 할 수 있도록 구두점 찍는 법을 분명하게 가르쳐 주어야 한다는 것을 강조한 말이다. 고대 중국 아동들은 서당에 입학하면 먼 저 글자를 배우는 일에 집중해야 했다. 당시 글자를 익히는데 사용되었던 교 재는 "삼(三)・백(百)・천(千)"으로 하였는데, 이는 곧 ≪삼자경(三字經)≫・ ≪백가성(百家姓)≫・≪천자문(千字文)≫을 말한다. 학생들이 글자를 어느 정도 익히고 나면 선생님은 곧 글을 가르쳤다. 글을 가르칠 때는 먼저 글자의 뜻을 파악하게 하고, 그 다음으로는 문장의 의미가 분명하게 전달될 수 있도 록 정확한 구두점(句讀點)의 위치를 가르쳤다. 본문에서 말하는 훈고(訓詁) 와 구두(句讀)는 바로 이와 같은 과정과 공부를 말한다. 훈고(訓詁)란 글자 나 단어를 해석하는 방법으로, 여기서 "훈(訓)"은 그 글자가 어떤 의미로 쓰 였는지를 알아보는 것이고, "고(故)"와 같은 의미를 가진 "고(詁)"는 그 글 자나 단어의 원래 뜻이 무엇인지를 알아보는 것이다. 따라서 훈고(訓詁)라고 하면 고대의 말을 현대의 말로 해석하는 것이라 할 수 있다.

29

爲 學 者 ， 必 有 初 ，
小 學 終 ， 至 四 書 ．

해석

배우는 사람은 반드시 처음 기초부터 해야 한다. ≪소학(小學)≫을 마쳤
으면, ≪사서(四書)≫를 배울 수 있다.

한자풀이

爲…할 위, 될 위　學…배울 학　　者…놈 자　　　必…반드시 필
有…있을 유　　初…처음 초　　小…작을 소　　　終…끝 종
至…이를 지　　四…넉 사　　書…글 서

간체자와 중국음

为(wéi)　　学(xué)　　者(zhě),　　必(bì)　　　有(yǒu)　　初(chū),
小(xiǎo)　　学(xué)　　终(zhōng),　至(zhì)　　四(sì)　　书(shū).

爲學(위학)   배우다, 학문을 하다.

者(자)   ～하는 사람.

必(필)   반드시 ～해야 한다.

有初(유초)   처음이 있다. 즉 기초부터 공부하는 것을 말함.

小學(소학)   중국 송(宋)나라 때 주자(朱子)가 초학자를 위해 편찬한 교양서.

終(종)   끝내다, 다 배우다.

至(지)   ～에 이르다.

四書(사서)   네 가지 책. 즉 유교 경전인 ≪논어(論語)≫·≪맹자(孟子)≫·≪대학(大學)≫·≪중용(中庸)≫을 말함.

■ 해설

학문을 하는 사람은 반드시 책의 난이도에 따라 쉬운 것부터 배우기 시작하여 차츰차츰 심오한 내용으로 들어가야 한다는 것이다. 본문에서는 이런 과정을 ≪소학(小學)≫에서 시작하여 이를 다 배우고 나면 다시 ≪사서(四書)≫를 가지고 공부를 해도 좋다는 것이다.

남송(南宋)의 교육자였던 주자(朱子)가 쓴 이 ≪소학(小學)≫ 책 안에는 입교(立敎)·명륜(明倫)·경신(敬身)·가언(嘉言)·미행(美行) 등 아동들이 알고 실천해야 할 내용들이 담겨 있다. 또 ≪사서(四書)≫라는 명칭은 주자(朱子)가 ≪논어(論語)≫·≪맹자(孟子)≫·≪대학(大學)≫·≪중용(中庸)≫, 이 네 권의 책을 한 권으로 편집하여 붙인 이름이다.

주자(朱子)는 휘주(徽州)·무원(婺源) 사람으로, 자(字)는 원회(元晦), 또는 중회(仲晦)라 하였다. 호(號)로는 회암(晦庵)·회옹(晦翁)·고정(考亭) 등이 있다. 그의 원래 이름은 주희(朱熹)인데, 후인들이 그에게 존경을 표시하기 위해 "주자(朱子)"라고 부르게 된 것이다. 그는 특히 경학(經學)에 정통하였을 뿐만 아니라, 철학·사학·문학 등 다방면으로 해박하였다. 그는 오십여 년을 교육에 종사하였으며, 명(明)·청(淸) 양대(兩代)에 와서는 유학(儒學)의 정종(正宗)으로 추송을 받았다. 그가 지은 ≪사서장구집주(四書章句集注)≫·≪주역본의(周易本義)≫·≪초사집주(楚辭集注)≫·≪통감강목(通鑑綱目)≫ 등은 아직도 후학들에게 큰 길잡이가 되고 있다.

30

論 語 者 ， 二 十 篇 ，
群 弟 子 ， 記 善 言 .

해석

≪논어(論語)≫는 총 스무 편으로, 이는 여러 제자들이 공자(孔子)가 한 좋은 말들을 기록한 것이다.

한자풀이

論…말할 론　　語…말씀 어　　者…놈 자　　二…두 이
十…열 십　　篇…책 편　　群…무리 군　　弟…아우 제
子…아들 자　　記…기록할 기　　善…착할 선　　言…말씀 언

간체자와 중국음

论(lún)　　语(yǔ)　　者(zhě),　　二(èr)　　十(shí)　　篇(piān),
群(qún)　　弟(dì)　　子(zǐ),　　记(jì)善(shàn)　　言(yán).

🔲 주석

論語(논어)	책 이름. ≪사서(四書)≫ 중의 하나. "論(논)"은 "의론"이란 뜻이고, "語(어)"는 "답하는 말"이란 뜻.
者(자)	～라는 것.
篇(편)	서책(書冊)의 부류(部類).
群(군)	무리, 여럿.
弟子(제자)	공자의 제자들.
記(기)	기재, 기록하다.
善言(선언)	좋은 말, 훈계가 되는 말. "善(선)"은 좋다, 훌륭하다, 뛰어나다.

🔲 해설

≪논어(論語)≫는 유가(儒家) 경전의 하나로, 여기에는 공자(孔子)가 직접 한 말이나 일부 제자들의 언행, 또는 공자가 당시 사람들과 주고 받은 말들을 모아 놓은 책이다. 이는 공자가 죽은 후에 그의 제자들에 의해 편수(編修)되었는데, 총 20편으로 되어 있고 글자는 약 16,000자에 이르며 253장(章)으로 나누어져 있다. 편명(篇名)[17]은 원래 없었으나, 후인들이 매 편의 첫 구절 두 글자를 따서 편명(篇名)으로 부르고 있다. 그 내용을 보면 공자의 인(仁)·예(禮)·정치(政治)·교육(敎育) 등에 대한 것을 주로 기술하고 있다. 말은 간결하면서도 그 의미는 심오하여 음미할수록 맛을 느끼게 한다. 이 책이 비록 문학 작품은 아니지만, 역대로 수많은 사람들에게 암송되고 인용되어 중국 문학은 물론 한국 문학에까지 그 영향은 상당하였다.

공자(孔子)는 서기전 551년부터 서기전 479년까지 살았던 인물로, 춘추(春秋) 시기 노(魯)나라 창평(昌平), 즉 지금의 산동(山東) 곡부(曲

---

17) ≪논어(論語)≫의 각 편(篇)은 다음과 같은 두 글자로 시작된다. (1)학이(學而). (2)위정(爲政). (3)팔일(八佾). (4)이인(里仁). (5)공야장(公冶長). (6)옹야(雍也). (7)술이(述而). (8)태백(泰伯). (9)자한(子罕). (10)향당(鄕黨). (11)선진(先進). (12)안연(顔淵). (13)자로(子路). (14)헌문(憲問). (15)위령공(衛靈公). (16)계씨(季氏). (17)양화(陽貨). (18)미자(微子). (19)자장(子張). (20)요왈(堯曰).

阜) 사람이다. 성은 공(孔)이고, 이름은 구(丘)이며, 자(字)는 중니(仲尼)이다. 그는 중국 고대의 사상가요 교육가며, 유가학파의 창시자이다. 처음에 그는 노(魯)나라에서 벼슬을 하다가 사직하고 여러 나라를 돌아다니며 도(道)를 행하려 하였으나 받아들여지지 않자 다시 노나라로 돌아와서 많은 책들을 편찬하는데 심혈을 쏟았다. 그가 산술(刪述)한 책으로 ≪육경(六經)≫이 유명하다. 공자는 한대(漢代) 이후에 와서 "성인(聖人)"으로 불리게 되었고, 그 언행과 사상 등은 중국 전통문화와 의식에 대단한 영향을 주었다. 그의 사적은 ≪사기(史記)·공자가어(孔子家語)≫에 잘 기록되어 있다.

31

孟 子 者 ， 七 篇 止 ，
講 道 德 ， 說 仁 義 ．

해석

≪맹자(孟子)≫는 총 일곱 편인데, 이는 도덕(道德)을 이야기하고 인의
(仁義)를 말한 책이다.

한자풀이

孟…맏 맹　　　子…아들 자　　　者…놈 자　　　七…일곱 칠
篇…책 편　　　止…그칠 지　　　講…익힐 강　　　道…길 도
德…덕 덕　　　說…말씀 설　　　仁…어질 인　　　義…옳을 의

간체자와 중국음

孟(mèng)　子(zǐ)　　者(zhě),　七(qī)　　篇(piān)　　止(zhǐ),
讲(jiǎng)　道(dào)　德(dé),　　说(shuō)　仁(rén)　　义(yì).

孟子(맹자)　　맹가(孟軻)가 지은 책. ≪사서(四書)≫ 중의 하나.

者(자)　　　　~라는 것.

篇(편)　　　　서책(書冊)의 부류(部類).

止(지)　　　　어조사로 아무런 의미 없이 쓰임.

講(강)　　　　이야기하다, 담론하다.

道德(도덕)　　사람이 행하여야 할 바른 도리.

說(설)　　　　밝히다, 말하다.

仁義(인의)　　인(仁)과 의(義). 박애(博愛)와 정의(正義).

해설

≪맹자(孟子)≫ 역시 유가 경전의 하나로, 맹자(孟子)와 그의 제자인 만장(萬章)·공손추(公孫丑) 등이 맹자의 정치 활동과 정치 학설, 그리고 그의 철학·윤리·교육·사상 등을 기록한 책이다. ≪맹자(孟子)≫는 주로 맹자의 성선(性善)과 인애(仁愛) 사상을 중심으로 인성(人性)은 본래 착해서 사람이면 누구나 인(仁)·의(義)·예(禮)·지(智) 등의 도덕 관념을 가지고 있음을 강조하고 있다. 총 7편[18], 258장(章), 총 35,377자로 된 이 책은 후대 산문(散文)의 발전에 지대한 영향을 끼쳤다.

맹자(孟子)는 서기전 373년에 태어나 서기전 289년까지 살았던 인물로 성은 맹(孟)이요, 이름은 가(軻), 자(字)는 자여(子輿)로 노(魯)나라 사람이다. 맹자는 40세 이전까지는 제자들을 받아 교육을 시키고 그의 사상과 학설을 선전하였지만, 마흔 이후에는 제자들을 데리고 열국을 돌아다니며 유가 학설을 전파하면서 자신의 "인정(仁政)" 강령(綱領)을 펴고자 하였다. 그러나 전국시대(戰國時代)로 세상이 어지럽던 시대라 그의 "인정(仁政)" 사상은 환영을 받지 못하였다. 이에 그는 물러나 제자 만장(萬章)·

---

18) ≪맹자(孟子)≫7편에는 각각 그 편명(篇名)이 있는데, 각 편 첫머리의 두 글자 내지 석 자를 따서 그 편명으로 하고 있다. 그 편명(篇名)을 보면 다음과 같다. (1)양혜왕장구(梁惠王章句). (2)공손추장구(公孫丑章句). (3)등문공장구(滕文公章句). (4)이루장구(離婁章句). (5)만장장구(萬章章句). (6)고자장구(告子章句). (7)진심장구(盡心章句).

공손추(公孫丑) 등과 함께 책을 저술하게 되었으니 이것이 ≪맹자(孟子)≫
다. 역사적으로 볼 때 유가의 창시자는 공자였고, 맹자는 그 유가 학설을
계승 발전시켰던 관계로 "아성(亞聖)"이란 칭호를 얻게 되었다. 또 후인들
은 공자와 맹자를 같이 "공맹(孔孟)"이라 병칭(竝稱)하였고, 그들의 정치
학설과 사상 체계를 일러 "공맹지도(孔孟之道)"라고 하였다.

32

作 中 庸 ， 子 思 筆 ，
中 不 偏 ， 庸 不 易 .

해석

≪중용(中庸)≫을 지은 이는 자사(子思)로, "중(中)"이란 한 쪽으로 치우침이 없음을, "용(庸)"이란 변함이 없음을 말한다.

한자풀이

作…지을 작　　　中…가운데 중　　庸…쓸 용, 범상할 용
子…아들 자　　　思…생각 사　　　筆…붓 필
不…아니 불　　　偏…치우칠 편　　易…바꿀 역, 쉬울 이

간체자와 중국음

作(zuò)　　中(zhōng)　庸(yōng),　子(zǐ)　　思(sī)　　笔(bǐ),
中(zhōng)　不(bù)　　偏(piān),　庸(yōng)　不(bù)　　易(yì).

주석

作(작)   짓다. 편찬하다.
中庸(중용)   책명(冊名). ≪사서(四書)≫ 중의 하나.
子思(자사)   인명(人名). 공자의 손자.
筆(필)   붓으로 글씨를 씀.
中(중)   "中(중)"이란 이 글자.
偏(편)   한 쪽으로 치우치다. "不偏(불편)"은 한 쪽으로 치우치지
               않는다는 의미.
庸(용)   "庸(용)"이란 이 글자.
易(역)   바뀌다. 변하다. 달라지다. "不易(불역)"은 변함이 없다는 의미.

해설

본문은 ≪중용(中庸)≫이란 책의 저자와 책 제목이 가진 의미를 밝히고 있
다. 작자인 자사(子思)는 원래 이름이 "공급(孔伋)"이고, "자사(子思)"
는 그의 자(字)이다. 공자의 손자요, 공리(孔鯉)의 아들이다. 이 책은 자
사(子思)가 공자(孔子)의 인학(仁學)에 대하여 진일보 발전시킨 것으로
도덕 행위의 최고 표준이 "중용(中庸)"임을 강조하고 있다. ≪중용(中
庸)≫은 원래 ≪예기(禮記)≫ 가운데 한 편이었으나, 유송(劉宋)의 대
응(戴顒)이 이 부분을 따로 분리하여 별책으로 하였고, 주희(朱熹)가 이
를 ≪사서(四書)≫에 편입시키고 장구(章句)를 만들어 성행하게 된 것이
다. 이 책의 내용은 약 3,500여 자에 달한다.

33

作 大 學 ， 乃 曾 子 ，
自 修 齊 ， 至 平 治 .

해석

≪대학(大學)≫을 지은이는 바로 증자(曾子)로, 수신제가(修身齊家)로
부터 나라를 태평하게 잘 다스리는 것까지를 말하고 있다.

한자풀이

作…지을 작　　　大…큰 대　　　學…배울 학　　　乃…이에 내
曾…일찍 증　　　子…아들 자　　　自…스스로 자　　　修…닦을 수
齊…가지런할 제　至…이를 지　　　平…평평할 평　　　治…다스릴 치

간체자와 중국음

作(zuò)　　大(dà)　　学(xué)，　乃(nǎi)　　曾(zēng)　子(zǐ)，
自(zì)　　修(xiū)　　齐(qí)，　至(zhì)　　平(píng)　治(zhì).

作(작)   짓다, 편찬하다.
大學(대학)   책명(冊名), ≪사서(四書)≫ 중의 하나.
乃(내)   이에.
曾子(증자)   인명(人名), 공자의 제자.
自(자)   ~로부터.
修齊(수제)   수신제가(修身齊家)의 준말, 자신을 잘 수양하고 집안을
                잘 다스림.
至(지)   ~에 이르다.
平治(평치)   나라를 태평하게 잘 다스림.

■ 해설

≪대학(大學)≫ 역시 유가 경전 중의 하나로, 원래는 ≪예기(禮記)≫ 중의 한 편(篇)이었는데 한대(漢代)부터 독립이 되었고, 송대(宋代) 주희(朱熹)가 ≪사서(四書)≫에 포함을 시켰던 것이다. 이 책은 모두 10장으로 되어 있는데, 그 내용은 주희(朱熹)가 3강령(三綱領)·8조목(八條目)이라고 밝힌 것으로 잘 요약된다. 즉 3강령(三綱領)이란 정치적인 이상을 나타내는 "명명덕(明明德)", 사회적인 이상을 나타내는 "친민(親民)", 개인적인 이상을 나타내는 "지어지선(止於至善)"을 말하고, 8조목(八條目)이란 "격물(格物)"·"치지(致知)"·"성의(誠意)"·"정심(正心)"·"수신(修身)"·"제가(齊家)"·"치국(治國)"·"평천하(平天下)"를 말한다. 이 3강령(三綱領)·8조목(八條目)은 바로 ≪대학(大學)≫의 이상과 방법을 밝혀주고 있다.

증자(曾子)는 서기전 505년부터 서기전 435년까지 살았던 인물로 성은 증(曾)이요, 이름은 참(參), 자(字)는 자여(子輿)이다. 그의 부친의 이름은 점(點), 또는 석(晳)이고, 그의 아들은 증원(曾元), 손자는 증서(曾西)이다. 증자(曾子)는 공자에게서 수업을 받았으며, 그는 효(孝)로 유명하다.

34

孝 經 通 ， 四 書 熟 ，
如 六 經 ， 始 可 讀 .

해석

≪효경(孝經)≫을 통달하고 또 ≪사서(四書)≫에 익숙해지면, 육경(六經)과 같은 책을 비로소 읽어도 좋다.

한자풀이

孝…효도 효　　　經…경서 경　　　通…통할 통　　　四…넉 사
書…글 서　　　　熟…익을 숙　　　如…같을 여　　　六…여섯 육
始…비로소 시　　可…옳을 가　　　讀…읽을 독

간체자와 중국음

孝(xiào)　　经(jīng)　　通(tōng)，　四(sì)　　书(shū)　　熟(shú)，
如(rú)　　　六(liù)　　经(jīng)，　始(shǐ)　　可(kě)　　读(dú).

孝經(효경)	책명(冊名). 유가 경전의 하나. 이는 공자(孔子)가 지은 것으로 총 18장으로 되어 있으며, 공자가 증자(曾子)를 위해서 효도의 도리와 종법사상(宗法思想)을 이해시키기 위해 쓴 책임.
通(통)	완전히 꿰뚫음. 책을 완전히 통독해서 이해함.
四書(사서)	≪논어(論語)≫·≪맹자(孟子)≫·≪대학(大學)≫·≪중용(中庸)≫.
熟(숙)	익숙함.
如(여)	～같은.
六經(육경)	≪시경(詩經)≫·≪서경(書經)≫·≪역경(易經)≫·≪예기(禮記)≫·≪주례(周禮)≫·≪춘추(春秋)≫.
始(시)	비로소.
可(가)	～해도 좋다, ～할 수 있다.
讀(독)	읽다, 공부하다.

해설

공부를 하는 사람은 우선 ≪효경(孝經)≫을 읽고, 그 다음에 ≪사서(四書)≫를 읽어야 하며, 이 ≪효경≫과 ≪사서≫를 완전히 이해하고 나면 육경(六經)을 읽어도 무방하다는 말이다. 우리가 잘 알고 있듯이 공부를 할 때는 순서가 있으니, 글자가 쉬운 것으로부터 서서히 어려운 것을 배워 가고, 사상의 깊이가 얕은 것으로부터 점점 깊은 것으로 발전을 시켜 나가는 것이 가장 바람직 하다. 그래서 중국 학생들은 ≪소학≫을 배우면서 많은 글자들을 익히고, 그리고 나서 ≪효경≫을 통해 사람의 도리나 처세의 방법 등을 배웠으며, 그리고 나서 다시 비교적 깊은 내용을 담고 있는 ≪사서≫를 배웠던 것이다.

35

詩 書 易 ， 禮 春 秋 ，
號 六 經 ， 當 講 求 ．

해석

≪시경(詩經)≫·≪서경(書經)≫·≪역경(易經)≫·≪예기(禮記)≫·
≪춘추(春秋)≫를 육경(六經)이라 부르며, 마땅히 익히고 연구를 해야
할 책들이다.

한자풀이

詩…시 시   書…글 서   易…바꿀 역, 쉬울 이
禮…예도 례   春…봄 춘   秋…가을 추
號…부를 호   六…여섯 육   經…경서 경
當…마땅 당   講…익힐 강   求…구할 구

간체자와 중국음

诗(shī)   书(shū)   易(yì),   礼(lǐ)   春(chūn)   秋(qiū),
号(hào)   六(liù)   经(jīng),   当(dāng)   讲(jiǎng)   求(qiú).

詩(시)	책명. ≪시경(詩經)≫.
書(서)	책명. ≪서경(書經)≫ 또는 ≪상서(尙書)≫.
易(역)	책명. ≪역경(易經)≫ 또는 ≪주역(周易)≫.
禮(예)	책명. ≪예기(禮記)≫.
春秋(춘추)	책명.
號(호)	부르다.
六經(육경)	≪시경(詩經)≫·≪서경(書經)≫·≪역경(易經)≫·≪예기(禮記)≫·≪주례(周禮)≫·≪춘추(春秋)≫.
當(당)	마땅히 ～해야 한다.
講究(강구)	익히고 연구하다.

해설

≪시경(詩經)≫은 상고(上古)의 시가(詩歌)들을 모아놓은 책으로, 오경(五經) 중의 하나다. 원래는 무려 3,000여 수(首)에 달하는 방대한 양이었으나, 이것을 공자가 삼백 다섯 편으로 정리를 한 것이다.

≪서경(書經)≫은 오경(五經) 또는 십삼경(十三經) 중의 하나로, ≪서(書)≫ 또는 ≪상서(尙書)≫라고도 한다. 이는 우(虞)·하(夏)·상(商)·주(周) 4대의 역사적 사실과 사상 등을 기록한 책이다. 원래는 100편으로 된 것이었으나 뒤에 공자가 이를 편집하였다고 한다. 현존하는 것은 58편 뿐이다.

≪역경(易經)≫은 오경(五經) 중의 하나로, 일명 ≪주역(周易)≫이라고도 한다. 그 내용은 복서(卜筮)를 통하여 윤리 도덕을 설명하고 있다.

≪예기(禮記)≫는 오경(五經)의 하나로, 진한(秦漢) 시대의 예법(禮法) 이론과 실제를 풀이하여 수록한 책이다. 공자와 그 후학들의 저작을 한(漢)의 헌왕(獻王)이 정리하여 엮은 것이다. ≪예기(禮記)≫는 ≪주례(周禮)≫와 ≪대례(戴禮)≫로 나뉘어 지는데, 당시에는 ≪주례(周禮)≫를 육경(六經)에 포함시켰지만, 지금은 이것을 빼버리고 오경(五經)이라 부른다.

≪춘추(春秋)≫는 공자가 저술한 노(魯) 나라의 역사서로, 은공(隱公)부터 애공(哀公)까지 12공(公), 242년간의 역사를 엮은 것이다.

36

有 連 山 ， 有 歸 藏 ，
有 周 易 ， 三 易 詳 ．

해석

≪역경(易經)≫의 종류에는 ≪연산(連山)≫이 있고 ≪귀장(歸藏)≫이
있고 ≪주역(周易)≫이 있는데, 이 세 종류의 ≪역경(易經)≫을 상세히
잘 알아야 한다.

한자풀이

有…있을 유   連…잇닿을 연   山…뫼 산   歸…돌아갈 귀
藏…감출 장   周…두루 주   易…바꿀 역, 쉬울 이
三…석 삼   詳…자세할 상

간체자와 중국음

有(yǒu)   连(lián)   山(shān),   有(yǒu)   归(guī)   藏(cáng),
有(yǒu)   周(zhōu)   易(yì),   三(sān)   易(yì)   详(xiáng).

연산(連山)	책명. 일명 ≪연산역(連山易)≫이라고도 함. 복희씨(伏羲氏)의 저작이라 전해짐. 지금은 전해지지 않음.
귀장(歸藏)	책명. 일명 ≪귀장역(歸藏易)≫이라고도 함. 황제(皇帝)가 지었다고 전해짐. 지금은 전해지지 않음.
주역(周易)	책명. ≪삼경(三經)≫의 하나. 음양(陰陽)의 원리로 천지만물이 변화하는 현상을 설명하고 해석한 유교 경전.
삼역(三易)	세 종류의 ≪역경(易經)≫.
詳(상)	자세하다, 소상하다.

🔵 해설

≪역경(易經)≫은 ≪주역(周易)≫ 또는 ≪역(易)≫이라고도 부르는데, 이 책의 저자와 저작 연대에 대해서는 여러 가지 설이 있으나, 일반적으로 문왕(文王)・주공(周公)・공자(孔子)의 저작이라 일컫는다. ≪역경(易經)≫은 근본적으로 "음(陰)"과 "양(陽)"으로 이루어져 있는데, 이 음양(陰陽)의 자전적(字典的) 해석은 그늘과 햇볕이라는 뜻이 되지만, 이 책에서 다루고 있는 내용은 삼라만상(森羅萬象)에 대한 음양(陰陽) 개념에서 출발하여 더 형이상학적(形而上學的)인 내용을 다루고 있다.

"음(陰)"과 "양(陽)"은 또 "사상(四象)"으로 나뉘는데, "양(陽)"은 "노양(老陽)"과 "소음(少陰)"으로, "음(陰)"은 "소양(少陽)"과 "노음(老陰)"으로 나뉜다. 이것은 음(陰)과 양(陽)이 불변의 것이 아니라 유전변화(流轉變化)한다는 원리를 말하는 것이다. 이는 예컨대 남자는 여자에 대해 양(陽)이지만, 아들은 어버이에 대해 음(陰)이 되고, 반대로 여자는 음(陰)이지만 자식에 대해서는 양(陽)인 이치와 같기 때문인 것이다.

"사상(四象)"에서는 다시 "팔괘(八卦)"가 만들어졌는데, 이 "팔괘(八卦)"를 통해서 "건(乾)"으로 하늘을, "곤(坤)"으로 땅을, "진(震)"으로 눈을, "손(巽)"으로 바람을, "감(坎)"으로 물을, "리(離)"로 불을, "간(艮)"으로 산을, "태(兌)"로 못 등의 여덟 가지 자연현상을 나타내고, 이것으로 자연과 세계의 변화를 추측한다. 그런데 복잡한 인간사(人間事)와 자연현상을 모두 이 "괘(卦)"로 다 표현할 수 없어서 다시 "팔괘(八卦)"를 거듭하여 64개의 괘(卦)를 만들어 내었다.

37

有　典　謨　，　有　訓　誥　，
有　誓　命　，　書　之　奧　．

해석

≪서경(書經)≫의 편명(篇名) 중에는 "전(典)"·"모(謨)"가 있고, "훈(訓)"·"고(誥)"가 있고, "서(誓)"·"명(命)" 등이 있는데, 이들은 책의 심오한 내용들이다.

한자풀이

有…있을 유　　　典…법 전, 책 전　謨…꾀 모　　　　訓…가르칠 훈
誥…고할 고　　　誓…맹세할 서　命…목숨 명　　　書…글 서
之…갈 지　　　　奧…아랫목 오, 속 오

간체자와 중국음

有(yǒu)　　典(diǎn)　　謨(mó)，　　有(yǒu)　　训(xùn)　　诰(gào)，
有(yǒu)　　誓(shì)　　命(mìng)，　书(shū)　　之(zhī)　　奧(ào)．

주석

有(유)	있다.

有(유)　　　　있다.

典(전)　　　　≪서경(書經)≫의 편명(篇名). 정치에 관한 중요하고 특별한 사실(事實)을 수록함.

謨(모)　　　　≪서경≫의 편명. 군신(君臣) 간의 토론과 모략을 수록함.

訓(훈)　　　　≪서경≫의 편명. 신하가 임금에게 준 일깨움을 수록함.

誥(고)　　　　≪서경≫의 편명. 제왕(帝王)이 신민(臣民)에게 반포한 글을 수록함.

誓(서)　　　　≪서경≫의 편명. 군왕이 아랫사람들에게 이른 말을 수록함.

命(명)　　　　≪서경≫의 편명. 인군(人君)이 대신(大臣)에게 선포한 명령을 수록함.

書(서)　　　　책, 즉 ≪서경≫을 말함.

之(지)　　　　～의.

奧(오)　　　　심오함.

해설

≪서경(書經)≫은 고대에 왕의 사적(事績)과 그 치적(治績), 그리고 민중에게 고(誥)한 내용들을 우(虞)·하(夏)·상(商)·주(周)의 역대 사관들이 기록으로 남긴 책이다. 이 사서(四書), 즉 우서(虞書)·하서(夏書)·상서(商書)·주서(周書)는 총 58편으로 되어 있는데, 여기에는 대개 여섯 가지의 체(體)로 되어 있다. 이것이 바로 전(典)·모(謨)·고(誥)·훈(訓)·서(誓)·명(命)인 것이다. 이 여섯 가지 체(體)에도 또 여러 체(體)가 있기는 하지만 그 내용을 보면 모두 이 육체(六體)에 속한다고 할 수 있다. 이 육체(六體)에서 나타난 글을 중심으로 ≪서경(書經)≫의 주요 사상을 살펴보면 천명에 의해서 "덕 있는 자가 정치를 해야 한다"는 정치사상과 효제(孝悌)를 중심으로 한 도덕 사상이 그 중심을 이루고 있다. 이는 공맹(孔孟) 유학의 근본 사상인 덕치주의(德治主義) 정치 이념과 도덕 사상에 그 뿌리를 둔 사상이라 할 수 있다.

≪서경≫은 ≪상서(尙書)≫ 혹은 그냥 ≪서(書)≫라고 부르기도 한다.

언어 면에서 너무 난해한 것으로 사람들은 인식해 왔지만, 어쨌든 이 책이 역대 제왕들의 교과서였고, 또 관리 사회에서나 사대부들이 받들던 법전(法典)이었던 관계로 중국의 관서(官書)와 산문의 발전에 큰 영향을 주기도 하였다.

我 周 公 ， 作 周 禮 ，
著 六 官 ， 存 治 體 ．

해석

주공(周公)이 ≪주례(周禮)≫를 지어 조정의 6부(部) 관직(官職)을 기
재하고, 당시의 통치 체제를 보존할 수 있게 하였다.

한자풀이

我…나 아	周…두루 주	公…공변될 공	作…지을 작
禮…예도 례	著…지을 저	六…여섯 육	官…벼슬 관
存…있을 존	治…다스릴 치	體…몸 체	

간체자와 중국음

我(wǒ)　周(zhōu)　公(gōng)，作(zuò)　周(zhōu)　礼(lǐ)，
著(zhù)　六(liù)　官(guān)，存(cún)　治(zhì)　体(tǐ)．

我(아)   나, 우리. 여기서는 별다른 뜻 없이 쓰임.

周公(주공) 성은 희(姬), 이름은 단(旦), 주(周) 문왕(文王)의 넷째
     아들.

作(작)   만들다. 쓰다.

周禮(주례) 책명, 주공(周公)이 지음.

著(저)   짓다. 쓰다.

六官(육관) 주대(周代)의 여섯 장관. 육경(六卿)이라고도 함.

存(존)   존재하다. 보존하다.

治體(치체) 통치 체제. 통치 제도.

■ 해설

주공(周公)은 주초(周初)의 유명한 정치가로, 무왕(武王)의 동생이다. 그는 군사(軍師)인 강태공(姜太公) 등과 함께 무왕(武王)을 도와 상(商)의 주왕(紂王)을 쳐서 상(商)을 멸망시키고 주(周)를 세우게 하였다. 무왕(武王)이 죽게 되자 그의 아들이 왕위를 계승하게 되었으니 그가 주(周) 성왕(成王)이다. 당시 성왕이 나이가 너무 어렸던 관계로 주공이 섭정(攝政)을 하면서 성왕을 도왔다. 그의 정치적 업적과 인품은 역대 통치자들에게 존경을 받아왔다. 그가 만든 관제(官制)는 중국 역대 왕조가 통치를 하는데 좋은 기초가 되어 주었다.

≪주례(周禮)≫는 주공(周公)이 지은 책으로 ≪주관(周官)≫ 혹은 ≪주관경(周官經)≫이라고도 부른다. 이 책은 주 왕실의 관제(官制)와 전국(戰國) 시기의 각국 제도 등을 수집하고, 이에 유가의 정치사상을 첨가하여 하나의 유가 경전으로 만든 것이다. 여기에는 또 주대(周代)의 관제(官制)와 조정의 조직 상황 등이 기재되어 있다.

육관(六官)이란 주(周) 왕조 중앙 정권의 주요 관직을 말한다. 이를 세부적으로 살펴보면 다음과 같다. ①이부(吏部)에 해당하는 천관(天官)은 총재(冢宰)로, 정사(政事)를 총 관리하면서 군왕의 생활과 전국의 공품(貢品) 및 부세(賦稅) 등을 책임지고, ②호부(戶部)에 해당하는 지관(地

官)은 사도(司徒)로, 나라의 교육을 총 관장하면서 농상(農商)의 교화(敎化) 및 전국의 인구와 생산을 책임지고, ③예부(禮部)에 해당하는 춘관(春官)은 종백(宗伯)으로, 나라의 전례를 총 관장하면서 조정의 전례(典禮) 등을 책임지고, ④병부(兵部)에 해당하는 하관(夏官)은 사마(司馬)로, 나라의 군대를 총 관장하면서 군사와 병마 등을 책임지고, ⑤형부(刑部)에 해당하는 추관(秋官)은 사구(司寇)로, 나라의 금령(禁令)을 총 관장하면서 전국의 형법을 책임지고, ⑥공부(工部)에 해당하는 동관(冬官)은 사공(司空)으로, 수토(水土)를 책임졌다.

39

大 小 戴 ， 注 禮 記 ，
述 聖 言 ， 禮 樂 備 ．

해석

대대(大戴)와 소대(小戴)가 ≪예기(禮記)≫를 편집하여 주를 달고, 성인의 말들을 기술하여 주대(周代)의 예악(禮樂)을 잘 구비시켜 놓았다.

한자풀이

大…큰 대　　　　小…작을 소　　　戴…일 대　　　　注…물댈 주
禮…예도 례　　　記…기록할 기　　述…지을 술　　　聖…성인 성
言…말씀 언　　　樂…풍류 악　　　備…갖출 비

간체자와 중국음

大(dà)　　小(xiǎo)　　戴(dài),　　注(zhù)　　礼(lǐ)　　记(jì),
述(shù)　　圣(shèng)　言(yán),　　礼(lǐ)　　乐(yuè)　　备(bèi).

大小戴(대소대)	대대(大戴)와 소대(小戴). 대대(大戴)는 한대(漢代)의 대유(大儒)였던 대덕(戴德)을 가리킴. 그의 자는 연군(延君)임. 소대(小戴)는 대성(戴聖)을 가리킴. 그의 자는 차군(次君)으로 역시 한대(漢代)의 대유(大儒)였음.
注(주)	주석을 붙임.
禮記(예기)	책명. 두 종류가 있음. 즉 대덕(戴德)이 편한 ≪대대예기(大戴禮記)≫와, 대성(戴聖)이 편한 ≪소대예기(小戴禮記)≫가 이것임.
述(술)	짓다. 쓰다.
聖言(성언)	성현의 말.
禮樂(예악)	예절과 음악. 예절은 언행을 삼가게 하고, 음악은 인심을 감화시키는 것이라 하여 중국에서는 예로부터 사회의 질서 유지를 위하여 매우 중요시하였음.
備(비)	갖추어짐. 잘 정리됨.

해설

본문은 ≪예기(禮記)≫에 대한 설명으로, 두 사람의 편주자(編注者)와 그들이 어떻게 책을 정리했는지를 밝히고 있다. 대덕(戴德)은 "대대학(大戴學)"의 창시자였기에 후인들이 그를 "대대(大戴)"라고 칭하게 된 것인데, 그는 고대의 각종 예의(禮儀)와 관련된 성인의 훌륭한 말들을 선집하여 ≪대대예기(大戴禮記)≫를 편성(編成)하였는데 총 85편이다. 그러나 지금 이 ≪대대예기(大戴禮記)≫는 완전하지 않은 채로 전해지고 있다. 대성(戴聖)은 "소대학(小戴學)"의 창시자였기에 후인들은 그를 "소대(小戴)"라고 부르게 되었다. 그는 고대의 각종 예의에 관한 기록들을 선별하여 ≪소대예기(小戴禮記)≫를 만들었는데 총 49편이다. 바로 지금 전해지고 있는 ≪예기(禮記)≫가 바로 이것이다. 당대(唐代)부터 유가 경전의 하나로 지정이 되었고, 후대의 사상과 문학에 상당한 영향을 주기도 하였다.

40

曰 國 風 , 曰 雅 頌 ,
號 四 詩 , 當 諷 詠 .

해석

"국풍(國風)"·"대아(大雅)"·"소아(小雅)"·"송(頌)", 이를 사시(四時)라 부르는데, 외고 읊을 수가 있다.

한자풀이

曰…가로 왈   國…나라 국   風…바람 풍
雅…바를 아, 우아할 아   頌…기릴 송   號…부를 호
詩…시 시   當…마땅 당   諷…욀 풍   詠…읊을 영

간체자와 중국음

曰(yuē)   国(guó)   风(fēng),   曰(yuē)   雅(yǎ)   颂(sòng),
号(hào)   四(sì)   诗(shī),   当(dāng)   讽(fěng)   咏(yǒng).

▣ 주석

曰(왈)	말하다. 여기서는 아무 뜻 없이 쓰임.
國風(국풍)	국(國)은 제후에게 봉해진 나라. 풍(風)은 민간 가요의 가사. 국풍(國風)은 ≪시경(詩經)≫ 중의 가장 중요한 부분. 총 160편으로 "풍(風)"이라고도 함.
雅(아)	정악(正樂)의 노래. 아(雅)는 "대아(大雅)"와 "소아(小雅)"로 나뉨.
頌(송)	성덕(盛德)을 칭송하여 종묘(宗廟)에서 신명(神明)에게 고할 때 부르는 악가(樂歌).
號(호)	～라 부르다.
四時(사시)	국풍(國風)·대아(大雅)·소아(小雅)·송(頌)을 합친 명칭.
當(당)	마땅히 ～하여야 함. ～해도 좋음.
諷詠(풍영)	리듬에 맞춰 외고 노래하다.

▣ 해설

≪시경(詩經)≫은 중국 최초의 시가집(詩歌集)으로 원래는 이를 ≪시(詩)≫라고 불렀는데, 뒤에 유가(儒家)들에 의해 경전(經典)의 하나로 되면서 ≪시경(詩經)≫이라 불리게 된 것이다. ≪시경≫은 대부분이 주초(周初)로부터 춘추(春秋) 중엽에 이르기까지의 작품들로 모두 305편인데, 이들은 지금의 섬서(陝西)·산서(山西)·하남(河南)·산동(山東)·호북(湖北) 등지에서 지어진 것들이다. 이 중에서 국풍(國風)은 15국풍으로 대부분이 민간의 가요들이다. 이 가요들은 왕실에서 보낸 전문적인 채시관(采詩官)들에 의해 수집이 된 것이다. 이렇게 수집된 시가들은 당시 각 지방의 풍토와 민정, 그리고 사회 면모 등을 여실히 반영하고 있어서 아주 중요한 사상과 예술적 가치를 가지고 있었다. 당시 집정자(執政者)는 이런 민간 시가의 내용에 근거하여 민정(民政)을 살피고 정치의 방향을 정하는 데 참고 자료로 활용하였다. 이 국풍은 총 160편으로 ≪시경≫ 전체의 절반 이상을 차지한다.

국풍 외에 ≪시경≫에는 또 아(雅)가 있는데, 이 아(雅)는 다시 대아(大雅)와 소아(小雅)로 나뉘어진다. 대아는 총 31편으로 제후들이 아침에 천자(天子)를 뵐 때 연주하는 악장(樂章)이고, 소아는 총 74편으로 천자(天子)가 제후와 빈객(賓客)들을 잔치에 청해 음창(吟唱)하던 시가이다. 또 송(頌)이 있는데, 이는 총 40편으로 되어 있다. 여기에는 상송(商頌) 5편, 주송(周頌) 31편, 노송(魯頌) 4편으로 구성되어 있다. 송(頌)은 종묘(宗廟)에서 제사를 지낼 때 부르던 악가(樂歌)이다. 천자(天子)가 선조에게 제사를 지낼 때 대부분 그 선조들의 공덕을 노래하였는데, 이렇게 선왕을 칭송하던 시가를 송(頌)이라 한 것이다.

41

詩 既 亡 , 春 秋 作 ,
寓 褒 貶 , 別 善 惡 .

해석

≪시경(詩經)≫이 이미 없어지게 되자 ≪춘추(春秋)≫가 지어졌는데, 여기서는 칭찬과 나무람을 다루면서 선(善)과 악(惡을) 구별해 놓았다.

한자풀이

詩…시 시   既…이미 기   亡…망할 망   春…봄 춘
秋…가을 추   作…지을 작   寓…머무를 우   褒…기릴 포
貶…떨어뜨릴 폄   別…다를 별   善…착할 선   惡…악할 악

간체자와 중국음

诗(shī)   既(jì)   亡(wáng),   春(chūn)   秋(qiū)   作(zuò),
寓(yù)   褒(bāo)   贬(biǎn),   别(bié)   善(shàn)   恶(è).

주석

詩(시)　　　　≪시경(詩經)≫.
旣(기)　　　　이미.
亡(망)　　　　망하다. 존재하지 않다.
春秋(춘추)　　책명. 주조(周朝) 후기의 편년사(編年史).
作(작)　　　　짓다. 쓰다.
寓(우)　　　　우거하다. 깃들다. 여기서는 "～을 내용에 포함시키다"는
　　　　　　　의미로 쓰임.
褒貶(포폄)　　칭찬함과 나무람. 시비(是非)와 선악(善惡)을 평정(評定)함.
別(별)　　　　분별. 구별.
善惡(선악)　　착함과 악함.

해설

주대(周代)가 점차 쇠락해짐에 따라 채시관(采詩官)이 시를 채집하던 제도도 시행이 어렵게 되었다. 그리하여 마침내 ≪시경(詩經)≫이 전해지는 과정에서 그 내용이 적지 않게 소실이 되자, 공자가 ≪춘추(春秋)≫라는 사서(史書)를 쓰게 된 것이다. 공자는 이 책 속의 사실(事實)의 기록에서 역사 인물에 대한 칭찬과 비평을 포함시켜 선악을 분별하였으니, 본문의 내용은 이것을 언급한 것이다.

≪춘추(春秋)≫는 중국 최초의 역사(歷史) 경전으로, 주대(周代) 후기의 편년사(編年史)이다. 책은 노(魯) 함공(陷公) 원년(서기전 722년)부터 노(魯) 애공(哀公) 14년(기원전 481년)까지의 사적(事迹)을 적고 있다. 역대 수많은 사가(史家)들은 공자가 노사(魯史)를 근거하여 ≪춘추≫를 편찬하였다고 하여 이 시기를 "춘추시기(春秋時期)"라고 부른다. 이 시기 주(周) 나라는 날로 국력이 쇠퇴하고 기강(紀綱)이 무너졌으며 각 제후국에서는 전란이 그치지 않았던 것이다. 이 때 공자에 의해 ≪춘추≫가 지어졌으니, 맹자는 공자가 ≪춘추≫를 편찬하게 된 그 본의(本意)를 다음과 같이 이야기하고 있다. "세상이 쇠퇴하고 도(道)가 없어지니 사악한 말과 폭행이 있게 되고, 신하가 임금을 죽이고 자식이 어버이를 죽이는

일이 있게 되었다. 이에 공자는 이런 현상을 걱정하여 마침내 ≪춘추≫를 짓게 되었다"고 하였다. ≪춘추≫는 언어가 아주 간결 명료하고, 실린 사실(史實)들이 역대 고증을 통해서 완전하고 정확하다는 특징을 가지고 있다.

42

三 傳 者 ， 有 公 羊 ，
有 左 氏 ， 有 穀 梁 ．

해석

삼전(三傳)으로 공양전(公羊傳)이 있고, 좌씨전(左氏傳)이 있고, 곡량전
(穀梁傳)이 있다.

한자풀이

三…석 삼　　　傳…전할 전　　　者…놈 자　　　有…있을 유
公…공변될 공　羊…양 양　　　左…왼 좌　　　氏…각시 씨
穀…곡식 곡　　梁…들보 량

간체자와 중국음

三(sān)　传(zhuàn)　者(zhě),　有(yǒu)　公(gōng)　羊(yáng),
有(yǒu)　左(zuǒ)　氏(shì),　有(yǒu)　谷(gǔ)　梁(liáng).

三傳(삼전) 공자가 저술한 ≪춘추(春秋)≫의 세 가지 해설서.

者(자)   ～라는 것.

有(유)   있다.

公羊(공양) 인명. 공양고(公羊高)를 가리킴. 노국(魯國) – 지금의 산동(山東) – 사람으로 주말(周末)에 태어나 ≪춘추전(春秋傳)≫ 일 권을 지었는데, 그 책을 일러 ≪공양전(公羊傳)≫이라 함.

左氏(좌씨) 인명. 좌구명(左丘明)을 가리킴. 노(魯)의 현인(賢人). ≪춘추전(春秋傳)≫ 일 권을 지었는데, 그 책을 일러 ≪좌전(左傳)≫이라 함.

穀梁(곡량) 인명. 곡량적(穀梁赤)을 가리킴. 한(漢)대의 선비로 ≪춘추전(春秋傳)≫ 일 권을 지었는데, 그 책을 일러 ≪곡량전(穀梁傳)≫이라 함.

해설

본문은 ≪춘추(春秋)≫에 주석을 달고 해설을 해 놓은 세 권의 책에 대한 언급이다. ≪춘추≫는 원래 글이 간단하고 내용의 폭과 깊이가 광대 심오하여 해석이 없이는 일반인들이 그 뜻을 분명하게 이해할 수가 없어서 이에 주석을 달고 해설을 한 책들이 많이 나오게 되었다. 그 중에서 가장 유명하고 가장 훌륭한 책 세 권을 "삼전(三傳)"이라 부르는데, ≪공양전(公羊傳)≫·≪좌전(左傳)≫·≪곡량전(穀梁傳)≫이 바로 이것이다.

≪공양전(公羊傳)≫은 ≪춘추공양전(春秋公羊傳)≫·≪공양춘추(公羊春秋)≫ 등으로 불리기도 하는데, 책은 문답체 형식으로 ≪춘추≫를 해설하되 정치적 관점에서 출발하였지 역사적 각도에서 ≪춘추≫에 실린 역사적 사실의 시비를 논한 것은 아니다. 즉 공자의 정치 이상이 후세 제왕들에게 길잡이가 되게 하는데 중점을 둔 것이다. 당대(唐代) 이후에 와서 유가 경전의 하나로 인정되었다.

≪좌씨전(左氏傳)≫은 ≪좌씨춘추(左氏春秋)≫·≪춘추좌씨전(春秋左

氏傳)≫・≪춘추내전(春秋內傳)≫ 등으로 불리기도 한다. ≪좌씨전≫
은 중국에서 처음으로 상세하게 기록을 한 편년사(編年史)로, 이 책은 대
부분이 역사적 사실로 ≪춘추≫를 해석하고 있기 때문에 ≪공양전≫이나
≪곡량전≫이 "의리(義理)"를 중점적으로 설명하고 있는 것과는 완전히
다르다고 하겠다. 이 책에는 수없이 많은 고대 사료(史料)가 보존되어 있
고, 문자가 아름답고 서사(敍事)가 완곡하며 인물 형상이 아주 생동적이고
선명한 특징을 보인다.

≪곡량전(穀梁傳)≫은 ≪곡량춘추(穀梁春秋)≫・≪춘추곡량
전(春秋穀梁傳)≫ 등으로 불리기도 한다. 이 역시 ≪춘추≫를 전문적으로 설명한
책이다.

43

經 旣 明 ， 方 讀 子 ，
撮 其 要 ， 記 其 事 ．

해석

경서(經書)에 이미 밝아졌으면 이제 제자백가(諸子百家)를 읽어도 좋다.
이를 공부할 때는 그 요점을 잘 파악하고 그 사례들을 잘 기억해야 한다.

한자풀이

經…경서 경　　　旣…이미 기　　　方…모 방　　　讀…읽을 독
子…아들 자　　　撮…취할 촬　　　其…그 기　　　要…구할 요
記…기록할 기　　事…일 사

간체자와 중국음

经(jīng)　　旣(jì)　　　明(míng),　方(fāng)　读(dú)　　子(zǐ),
撮(cuō)　　其(qí)　　　要(yào),　记(jì)　　其(qí)　　事(shì).

經(경)	경서(經書), 즉 "사서(四書)"나 "육경(六經)"과 같은 경서를 말함.
旣(기)	이미.
明(명)	명료하다, 분명하다, 책의 내용을 완전히 이해하다.
方(방)	비로소, 바야흐로, 마침내.
讀(독)	읽다, 공부하다.
子(자)	제자백가(諸子百家).
撮(찰)	취하다, 추려내다, 간추리다.
其(기)	그(의).
要(요)	요점.
記(기)	기록하다, 기억하다.
事(사)	일, 책 속의 사례(事例).

■ 해설

본문은 공부를 함에 있어서 먼저 ≪사서(四書)≫나 "육경(六經)" 등을 잘 이해하고 이미 익숙해 졌으면 이제는 한 걸음 더 나아가 ≪노자(老子)≫나 ≪장자(莊子)≫·≪순자(荀子)≫ 등 제자백가(諸子百家)를 공부해도 좋으며, 이제 이런 책들을 공부할 때는 그 책 속의 요점이 무엇인지에 주의하고 그 속의 사례들을 머릿속에 잘 기억할 수 있기를 강조하고 있다. 경(經)이란 중국의 유가(儒家)들이 경전으로 받들던 책을 말하는데, ≪십삼경(十三經)≫이 이에 속한다. 이 ≪십삼경(十三經)≫을 구체적으로 보면 ≪역경(易經)≫·≪서경(書經)≫·≪시경(詩經)≫·≪주례(周禮)≫·≪의례(儀禮)≫·≪예기(禮記)≫·≪춘추좌씨전(春秋左氏傳)≫·≪춘추공양전(春秋公羊傳)≫·≪춘추곡량전(春秋穀梁傳)≫·≪논어(論語)≫·≪효경(孝經)≫·≪이아(爾雅)≫·≪맹자(孟子)≫ 등 열세 가지의 경서를 말한다.

44

五 子 者 ， 有 荀 楊 ，
文 中 子 ， 及 老 莊 ．

해석

오자(五子)란 순자(荀子)·양자(楊子)와, 문중자(文中子), 그리고 노자
(老子)·장자(莊子)를 말한다.

한자풀이

五…다섯 오   子…아들 자   者…놈 자   有…있을 유
荀…풀 이름 순   楊…버들 양   文…글월 문   中…가운데 중
及…미칠 급   老…늙을 로   莊…풀 성할 장

간체자와 중국음

五(wǔ)   子(zǐ)   者(zhě),   有(yǒu)   荀(xún)   杨(yáng),
文(wén)   中(zhōng) 子(zǐ),   及(jí)   老(lǎo)   庄(zhuāng).

五子(오자)	다섯 인물. 순자(荀子)·양자(楊子), 문중자(文中子), 노자(老子)·장자(莊子).
者(자)	사람.
有(유)	있다.
荀(순)	순자(荀子).
楊(양)	양자(楊子).
文中子(문중자)	왕통(王通).
及(급)	그리고.
老(노)	노자(老子).
莊(장)	장자(莊子).

■ 해설

본문에서는 제자백가(諸子百家) 책들을 다 읽을 수 없지만, 그 중에 가장 기본적으로 읽어야 할 주요 인물 다섯 사람을 소개한 것이다.

순자(荀子)는 이름은 황(況), 자는 경(卿)인데, 일반적으로 순자라 부른다. 그는 전국(戰國)시기 조(趙)나라 사람이다. 그는 공자 학설을 존중하기는 하였으나 공맹(孔孟)의 성선설(性善說)과는 상반된 주장을 하였다. 즉, 인성은 모두가 악하기 때문에 반드시 예의로 가르쳐야만 그 악한 것을 선한 것으로 바르게 고칠 수 있다고 주장하였다. 순자가 쓴 책을 ≪순자(荀子)≫라 하는데 모두 32편으로 되어 있다. 이치를 따짐과 구성이 아주 치밀한 특징을 보인다. 주요 편목으로 〈천륜(天倫)〉·〈정명(正名)〉·〈성악(性惡)〉·〈예론(禮論)〉 등이 있다.

양자(楊子)는 이름이 웅(雄)이고 자는 자운(子云)으로, 사천(四川) 성도(城都)인이다. 그는 서한(西漢) 시기의 철학가로, 일찍이 ≪논어(論語)≫를 모방한 ≪법언(法言)≫과 ≪역경(易經)≫을 모방한 ≪태현경(太玄經)≫을 지어서 "현(玄)"이 우주 만물의 근원이라는 학설을 제기하였다.

문중자(文中子)는 성은 왕(王)이고, 이름은 통(通)이며, 자는 촉암(促

淹)이다. 그는 당대(唐代) 시인 왕발(王勃)의 조부로, 많은 유가서(儒家書)를 지었으나 대부분이 다 일실(逸失)되고 지금 전해지고 있는 주요 저서로는 ≪중설(中說)≫이 있다. "문중자(文中子)"란 이름은 후인들이 그를 높여서 부른 이름이다.

노자(老子)는 성은 이(李)이고, 이름은 이(耳)이며, 자는 백양(伯陽)이다. 그는 초나라 사람으로 한 때 주(周)나라에서 장서(藏書)를 관리하는 사관(史官)으로 있다가 뒤에 물러나 은거하면서 ≪노자(老子)≫를 지었다. 노자는 도가(道家)의 창시인으로 춘추(春秋) 시기의 유명한 사상가이다. 그의 저서 ≪노자≫는 도가의 철리서로 상편 하편으로 나뉘어져 있는데, 상편은 "도경(道經)"이고 하편은 "덕경(德經)"이다. 이를 합쳐서 ≪도덕경(道德經)≫이라고도 부르며, 글자가 5천여 자에 달하기 때문에 ≪노자오천문(老子五千文)≫이라고도 한다. 문장이 아주 간결 명료한 특징을 가지며, 도가(道家) 학설의 발전에 아주 큰 영향을 주었다.

장자(莊子)는 이름이 주(周)이고, 자는 자휴(子休)이다. 그는 노자의 도가학설을 계승 발전시켰기 때문에 후인들은 도가학설을 "노장지설(老莊之說)"이라고 불렀다. 장자는 ≪장자(莊子)≫를 지었는데, 원래는 52편이었으나, 지금은 33편밖에 남아 있지 않다. 이 책은 도가(道家) 경전이기도 하지만 걸출한 문학 저서이기도 하다.

:: 45

經 子 通 ， 讀 諸 史 ，
考 世 系 ， 知 終 始 ．

해석

경서(經書)와 자서(子書)에 능통해졌으면 각종 역사책들을 읽으며, 각 왕조(王朝)의 세대 계통을 고찰하여 그 역사적 사건의 시말(始末)을 알아야 한다.

한자풀이

經…경서 경　　　子…아들 자　　　通…통할 통　　　讀…읽을 독
諸…모두 제　　　史…역사 사　　　考…상고할 고　　　世…인간 세
系…이를 계　　　知…알 지　　　終…마칠 종　　　始…처음 시

간체자와 중국음

经(jīng)　　子(zǐ)　　通(tōng)，　读(dú)　　诸(zhū)　　史(shǐ)，
考(kǎo)　　世(shì)　　系(xì)，　　知(zhī)　　终(zhōng)　始(shǐ)．

經(경)	경서(經書).
子(자)	자서(子書). 제자(諸子).
通(통)	완전히 이해함.
讀(독)	읽다. 공부하다.
諸(제)	모든. 각종.
史(사)	역사서(歷史書).
考(고)	고찰하다.
世系(세계)	대대로 계승하는 혈통. 여기서 가리키는 것은 역대 제왕과 높은 벼슬을 하였던 귀족들의 가보를 말함.
知(지)	알다. 이해하다.
終始(종시)	끝과 처음. 시말(始末).

■ 해설

본문은 경서(經書)와 자서(字書) 등을 완전히 이해할 수 있게 되었으면 그다음에는 역사책들을 읽으면서 각 왕조의 흥망성쇠와 교체 등을 상세하게 연구하고, 나아가 각 조(朝)와 대(代)가 어떻게 흥기했고 어떻게 멸망하게 되었는지 등을 이해할 수 있어야 한다는 말이다. 다시 말해, 중국의 국학(國學)이라 하면 크게 철학(哲學)과 사학(史學)과 문학(文學)으로 구분해 볼 수 있는데, 철학 분야에 속하는 경서와 자서에 대한 학습내용은 앞에서 이미 언급을 하였고, 이제는 중국의 사학, 즉 역사를 살펴서 그 발전 과정과 내용을 자세히 파악할 수 있어야 한다는 것이다. 사서(史書)는 한 나라의 치란(治亂)과 흥망(興亡)의 역사를 기록하고 있을 뿐만 아니라 임금의 현명함과 우매함, 신하의 충성과 불충 등을 기록하고 있어서 이런 것들을 통해서 역사적 교훈을 배울 수가 있는 것이다. 역사책은 두 종류가 있는데, 한 왕조에 일어났던 일을 기록한 국사(國史)와 옛날부터 내려온 역사를 기록한 통사(通史)로, ≪한서(漢書)≫나 ≪진서(晉書)≫ 같은 역사책들이 전자에 속하며, ≪자치통감(資治通鑑)≫과 같은 책이 후자에 속한다.

46

自 義 農 ， 至 黃 帝 ，
號 三 皇 ， 居 上 世 .

해석

복희(伏羲)·신농(神農)으로부터 황제(黃帝)에 이르기까지를 삼황(三
皇)이라 부르는데, 이들은 모두 상고(上古) 사회에 살았다.

한자풀이

自…스스로 자   義…숨 희   農…농사 농   至…이를 지
黃…누를 황   帝…임금 제   號…부를 호   三…석 삼
居…살 거   上…윗 상   世…인간 세

간체자와 중국음

自(zì)   義(xī)   农(nóng)， 至(zhì)   黃(huáng) 帝(dì)，
号(hào)   三(sān)   皇(huáng)，居(jū)   上(shàng) 世(shì).

自(자)   ~로부터.
羲(희)   복희씨(伏羲氏).
農(농)   신농씨(神農氏).
至(지)   ~에 이르기까지.
黃帝(황제)   상고(上古) 시대 전설 중의 인물.
號(호)   ~라고 부르다.
三皇(삼황)   상고(上古) 전설 중의 세 인물. 즉 복희(伏羲)·신농(神
             農)·황제(黃帝).
居(거)   살다.
上世(상세)   상고(上古) 사회.

해설

복희(伏羲)는 중국 전설상의 제왕(帝王)이다. 전설에 의하면 그는 팔괘
(八卦)를 만들어 냈고 최초의 악기인 거문고를 만들어 냈으며, 사람들에게
고기잡이와 그물 짜는 법을 가르쳤고, 뒤에 가서는 동방의 천제(天帝)가
되었다고 전해진다. 한대(漢代) 석각(石刻)에 나타난 복희(伏羲) 형상을
보면 머리는 사람이고 몸은 뱀의 모습을 하고 있다.

신농(神農)은 염제(炎帝)라고도 불리는데, 역시 중국의 전설상의 제왕(帝
王)이다. 그는 백성들에게 농사짓는 법을 가르쳐서 농업이 발전되도록 하
였고, 또 직접 백초(白草)로 약을 만들어 백성들의 병을 고쳐주었던 주인
공이다. 뒤에 그는 남방의 천제(天帝)가 되었다고 한다.

황제(黃帝)는 헌원씨(軒轅氏)라고도 부르는데, 그 역시 중국의 전설상의
제왕(帝王)이다. 그는 육십갑자(六十甲子)를 만들었고, 양과 음의 열두
가지 음계를 만들었으며, 화폐·배·수레 등도 그가 만들었다고 전설은 전
한다.

삼황(三皇)이 누구를 가리키는지에 대해서는 여러 가지 주장이 있는데, 이
를 정리해 보면 다음과 같다. ①복희(伏羲)·신농(神農)·황제(黃帝),
이 세 사람을 삼황으로 본 것은 ≪상서(尙書)≫에서부터 시작되었는데,

그 영향이 가장 크다. 본문은 이 설을 택한 것이다. ②천황(天皇)·지황(地皇)·태황(泰皇)—복희(伏羲), 이는 ≪사기(史記)·진시황기(秦始皇紀)≫의 기록에 의한 것이다. ③복희(伏羲)·여와(女禍)·신농(神農), 이는 당대(唐代) 사마정(司馬貞)이 편한 ≪사기(史記)·삼황기(三皇紀)≫의 기록에 의한 것이다. ④천황(天皇)·지황(地皇)·인황(人皇), 이는 당대(唐代) 구양순(歐陽詢)이 지은 ≪문예류취(藝文類聚)·춘추위(春秋緯)≫의 기록에 의한 것이고, ⑤복희(伏羲)·신농(神農)·축융(祝融), 이는 한대(漢代) 반고(班固)의 ≪백호통(白虎通)·호(號)≫의 기록에 의한 것이다.

47

唐 有 虞 ， 號 二 帝 ，
相 揖 遜 ， 稱 盛 世 ．

해석

당(唐)과 유우(有虞)를 "이제(二帝)"라 부르는데, 이들은 서로 사양하고
겸손했기에 태평성세를 이룰 수 있었다고 일컬어진다.

한자풀이

唐…당나라 당 有…있을 유 虞…생각할 우 號…부를 호
二…두 이 帝…임금 제 相…서로 상 揖…읍 읍
遜…겸손할 손 稱…일컬을 칭 盛…성할 성 世…인간 세

간체자와 중국음

唐(táng) 有(yǒu) 虞(yú), 号(hào) 二(èr) 帝(dì),
相(xiāng) 揖(yī) 逊(xùn), 称(chēng) 盛(shèng) 世(shì).

唐(당)	인명. 요(堯), 즉 도당씨(陶唐氏). 역사에서는 일반적으로 당요(唐堯)라 부름.
有虞(유우)	인명. 순(舜), 즉 유우씨(有虞氏). 역사에서는 일반적으로 우순(虞舜)이라 칭함.
號(호)	〜라 부르다.
相(상)	서로.
揖遜(읍손)	사양하며 겸손해 하다. 이는 어진 사람에게 자리를 양보하는 것을 가리킴.
稱(칭)	〜라 칭하다.
盛世(성세)	나라가 한창 융성한 세대.

■ 해설

당요(唐堯)와 유우(有虞)는 서로 사양하고 겸손할 줄 알았던 사람들로, 제위(帝位)까지도 다른 사람에게 선양할 수 있는 큰 마음과 훌륭한 인품을 가졌던 인물들이다. 그래서 그들이 정치를 할 때는 나라가 태평성세를 이룰 수 있었던 것이다.

당요(唐堯)는 중국 전설 중의 제왕(帝王)으로, ≪산해경(山海經)≫에서는 그를 "제요(帝堯)"라고 칭한 기록이 있지만, 그 지위는 그리 높지 않았다고 한다. 훗날 유가(儒家)들에 의해 존경을 받아 그는 고대의 성왕(聖王)으로 불리게 되었다. 전설에 의하면 그의 아들 단주(丹朱)가 불초(不肖)하므로 제위(帝位)를 현덕(賢德)한 순(舜)에게 선양(禪讓)하였다고 한다. 당요가 제위를 선양하려고 할 때의 일이다. 처음에 허유(許由)라는 사람이 "청고(清高)"한 사람이라 그에게 제위를 선양하려고 하자 그는 밤에 도망을 친 후, 깨끗하지 못한 말을 들어 귀가 더러워졌다고 귀를 씻었다 한다. 그런데 소에게 물을 먹이러 왔던 소부(巢父)라는 사람이 허유가 귀를 씻는 이유를 듣고는 소에게 하는 말이 "이 물은 더러운 귀를 씻은 물이니 나의 소 입을 더럽게 해서는 안되지." 하면서 돌아갔다고 한다. 그래서 할 수 없이 당요는 다른 인물 순(舜)을 물색해 낸 후 그에게 제위를 선양하였다고 한다.

유우(有虞) 역시 전설 중의 고대 제왕(帝王)이다. 그 역시 아들인 상균(商均)이 불초한 고로 제위를 대우(大禹)에게 선양하였다.

본문에서와 같이 "이제(二帝)"란 말은 그렇게 널리 통용되고 있는 말은 아니다. 실제적으로 중국 역사에서는 "삼황오제(三皇五帝)"란 말을 주로 많이 써 왔다. "삼황(三皇)"이란 앞에서 언급한 복희(伏羲)·신농(神農)·황제(黃帝)를 말하고, "오제(五帝)"는 본문에서 언급한 요(堯)·순(舜)과 다음 장에서 언급할 우(禹)·탕(湯)·문(文)을 말한다.

48

夏 有 禹 , 商 有 湯 ,
周 文 武 , 稱 三 王 .

해석

하(夏)에는 우왕(禹王)이 있고, 상(商)에는 탕왕(湯王)이 있고, 주(周)에는 문무왕(文武王)이 있었는데, 이를 "삼왕(三王)"이라 칭한다.

한자풀이

夏…여름 하, 하나라 하　　　有…있을 유　　　禹…하우씨 우
商…헤아릴 상, 상나라 상　　湯…끓일 탕　　　周…두루 주, 주나라 주
文…글월 문　　　　　　　　武…굳셀 무　　　稱…일컬을 칭
三…석 삼　　　　　　　　　王…임금 왕

간체자와 중국음

夏(xià)　　有(yǒu)　　禹(yǔ),　　商(shāng)　有(yǒu)　　汤(tāng),
周(zhōu)　文(wén)　　武(wǔ),　　称(chēng)　三(sān)　　王(wáng).

夏(하)	나라 이름. 우왕(禹王)이 세운 왕조. 17주(主) 471년 동안 존속함. 걸왕(桀王) 때 상(商)나라 탕왕(湯王)에 의해 망함.
有(유)	있다.
禹(우)	하(夏)나라를 창업한 성왕(聖王). 왕이 되기 전에 요(堯)·순(舜) 두 임금을 섬겨 홍수를 다스리는데 큰 공을 세웠다 함.
商(상)	나라 이름. 탕(湯) 임금이 하(夏)나라의 걸왕(桀王)을 멸하고 세운 왕조. 박(亳)에 도읍을 정했다가 후에 반경(盤庚)이 은(殷)으로 천도(遷都)하여 은(殷)이라고 고침. 28주(主)만에 주(周)의 무왕(武王)에게 멸망 당함.
湯(탕)	탕왕(湯王). 하(夏)를 멸하고 황제가 된 후 나라를 상(商)이라 고침. 그래서 일반적으로 "상탕(商湯)"이라 함.
周(주)	나라 이름. 무왕(武王) 발(發)이 은(殷)을 멸하고 세운 왕조. 처음에는 호경(鎬京)에 도읍하였다가 후에 낙양으로 천도함. 건국한 지 35주(主) 874년만에 진(秦)에게 망함.
文武(문무)	문왕(文王)과 무왕(武王).
稱(칭)	일컫다.
三王(삼왕)	우(禹)·탕(湯)·문무(文武), 혹은 우(禹)·탕(湯)·문(文) 왕을 말함.

해설

본문은 요(堯)·순(舜)에 이어 그 번성(繁盛)함을 계승한 삼왕(三王)에 대한 언급이다. 중국 역사에서 하우(夏禹)·상탕(商湯)·주문왕(周文王)·주무왕(周武王)은 성덕(聖德)을 갖춘 개국(開國) 군왕(郡王)이었기 때문에 이들을 "삼왕(三王)"이라 칭한다.

≪초사(楚辭)·천문(天問)≫에 보면 우(禹)의 부친 곤(鯀)에 대한 기록이 있는데, 그는 홍수를 다스리는 일을 관리했으나 치수(治水)에 실패하

여 죽음을 당하였다. 그가 사망한 후에 아들인 우(禹)가 부친의 뒤를 이어 치수(治水)에 총력을 기울였다. 그는 십 년이 넘는 기간 동안 오직 이 일에만 몰두하였던 결과, 공무(公務)로 자기 집 앞을 세 번이나 지나치면서도 안으로 들어가 보지 않았다 한다. 그 결과 치수에 성공을 하게 되자 순(舜)은 그에게 제위(帝位)를 선양하였던 것이다.

문무(文武) 두 사람은 부자지간(父子之間)이다. 문왕(文王)은 상조(商朝) 말년에 서방(西方) 제후(諸侯)의 장으로 "서백(西伯)"¹⁹⁾이 되었다. 그는 현사(賢士)들을 잘 예우하여 나라가 부강해지도록 하였다. 뒤에 그는 상주(商紂)에게 포로의 신세가 되었는데, 이 때 ≪주역(周易)≫을 지었다. 석방된 후 그는 서부 제후 중에서 위치를 공고히 하고 동쪽으로 국토를 더욱 확장시켜서 그의 아들 무왕(武王)이 상(商)을 멸망시킬 수 있도록 튼튼한 기초를 마련해 주었다. 그렇지만 그는 생전에 왕이란 명칭을 들어볼 수가 없었으나 무왕이 상(商)을 멸하고 나서 소급해서 그를 문왕(文王)이라 부르게 했던 것이다.

---

19) 서백(西伯) : 주(周)나라 문왕(文王)을 말함. 은(殷)나라의 주왕(紂王)이 문왕을 명(命)하여 서방 제후(諸侯)의 우두머리로 삼은 데서 비롯된 것.

49

夏 傳 子 ， 家 天 下 ，
四 百 載 ， 遷 夏 社 ．

해석

하(夏)의 우왕(禹王)은 아들에게 제위(帝位)를 넘겨주며 천하를 가정으로 여겼는데, 400년 동안 계속되다가 하(夏)는 망하였다.

한자풀이

夏…여름 하, 하나라 하 傳…전할 전 子…아들 자
家…집 가 天…하늘 천 下…아래 하 四…넉 사
百…일백 백 載…실을 재, 해 재 遷…옮길 천 社…땅귀신 사

간체자와 중국음

夏(xià) 传(chuán) 子(zǐ), 家(jiā) 天(tiān) 下(xià),
四(sì) 百(bǎi) 载(zǎi), 迁(qiān) 夏(xià) 社(shè).

夏(하)	하나라. 중국에서 제일 첫 번째 왕조. 서기전 2세기~서기전 17세기에 있었음.
傳(전)	전해 주다. 왕위를 넘겨주다.
子(자)	아들. 즉 곤(鯀)의 아들 우(禹)를 말함.
家(가)	가족처럼 여기다.
天下(천하)	국가를 말함.
載(재)	해, 년.
遷(천)	옮겨지다. 변경되다. 여기서는 멸망을 뜻함.
社(사)	사직(社稷). 원래는 토지나 오곡에 제사를 지내는 단(壇)이었으나, 뒤에 국가를 나타낼 때 이 "사(社)"로 대신함.

■ 해설

하(夏)의 우왕(禹王)부터는 제위(帝位)를 현인(賢人)에게 넘겨주지 않고 아들에게 넘겨주어 천하를 한 가정처럼 여기게 되었다. 앞에서도 살펴보았듯이 그 이전 당요(唐堯) 때는 제위(帝位)를 현명하면서도 사람들로부터 존경받는 사람에게 넘겨주었다. 예컨대 요(堯)는 순(舜)에게, 순(舜)은 우(禹)에게 선양(禪讓)을 하였던 것이다. 그러나 우(禹)부터는 제위를 자신의 아들에게 넘겨줌으로써 선양(禪讓)은 끝나게 되었다. 이로부터 왕위는 계속하여 제왕의 자손에게 물려지게 됨으로써 천하는 가족의 소유가 되었다. 이런 내용을 축약해 놓은 것이 전반부의 내용이고, 후반부는 하(夏)가 400년 동안 계속되다가 걸왕(桀王) 때 하(夏)가 멸망하게 되었음을 표현한 것이다.

하(夏)는 황하(黃河) 중하류와 중원(中原) 지역에 위치했던 왕조로, 우왕(禹王)이 건국을 해서 걸왕(桀王) 때 상(商)나라 탕왕(湯王)에 의해 멸망될 때까지 14대 17왕을 거치면서 400년간 유지되었다.

50

湯 伐 夏， 國 號 商，
六 百 載， 至 紂 亡.

해석

탕왕(湯王)이 하(夏)를 쳐서 멸망을 시킨 후 나라 이름을 상(商)이라 하고, 600년 동안 계속되다가 주왕(紂王) 때에 와서 망하였다.

한자풀이

湯…끓일 탕   伐…칠 벌   夏…여름 하, 하나라 하
國…나라 국   號…부를 호   商…헤아릴 상, 상나라 상
六…여섯 육   百…일백 백   載…실을 재, 해 재
至…이를 지   紂…임금이름 주   亡…망할 망

간체자와 중국음

汤(tāng)   伐(fá)   夏(xià),   国(guó)   号(hào)   商(shāng),
六(liù)   百(bǎi)   载(zǎi),   至(zhì)   纣(zhòu)   亡(wáng).

湯(탕)	상(商)나라 탕(湯)왕.
伐(벌)	치다, 침략하여 멸망시키다.
夏(하)	국명, 하(夏)나라.
商(상)	국명, 상(商)나라.
載(재)	해, 년.
至(지)	~에 이르다.
紂(주)	은(殷)나라의 주왕(紂王).
亡(망)	멸망하다.

◻ 해설

하(夏)는 400여 년을 유지해 오다가 걸왕(桀王) 때 와서 망하게 되었다. 걸왕은 주색에 빠져 나라가 도탄에 빠지게 되자, 탕왕(湯王)이 민의(民意)에 따라 군사를 일으켜 하(夏)의 걸왕(桀王)을 토벌함으로써 일거에 하(夏)를 멸하고 새로운 나라를 세우게 되었으니 이것이 상(商)이다. 상(商)은 600여 년을 유지해 가다가 주왕(紂王) 때에 멸망하고 말았다.

주왕은 중국에서 폭군으로 유명하다. 그는 달기(妲己)를 총애하여 지금의 하남(河南) 기현(淇縣) 부근에 녹대(鹿臺)·경궁(傾宮) 등 궁실을 지어놓고 주색으로 소일하였다. 그는 자기 마음대로 쾌락을 찾았는데, 사람들에게 술로 연못을 채우게 하고 큰 고기 덩어리를 큰 나무에 걸어놓게 하고는 이를 "주지육림(酒池肉林)"이라 칭하곤 하였다. 당시 서백(西伯), 즉 희창(姬昌)은 이런 주왕의 생활에 화가 났지만 감히 말은 못하고 한숨만 쉬다가, 이 한숨으로 인하여 감옥에 갇히는 신세가 되었다. 뒤에 그는 탈옥, 그의 봉지(封地)로 돌아가 인마(人馬)를 모아 주(紂)를 토벌할 대군을 조직하였다. 그러나 주(紂)를 토벌하기 위해 준비를 하던 중에 죽고 말았다. 이 희창(姬昌)이 바로 서주(西周)의 주문왕(周文王)이다. 주 문왕의 아들 희발(姬發)은 부친의 뒤를 이어 강태공(江太公) 등의 협조 하에 병사를 이끌고 주(紂)를 토벌하였다. 대세를 읽은 주(紂)는 마침내 자살을 하고, 이로써 상(商)은 멸망하고 말았다.

51

周 武 王 , 始 誅 紂 ,
八 百 載 , 最 長 久 .

해석

주(周) 무왕(武王)이 비로소 주왕(周王)을 죽이고, 800년 동안 존속하게
됨으로써 가장 오랜 기간 동안 유지가 되었다.

한자풀이

周…두루 주   武…굳셀 무   王…임금 왕   始…비로소 시
誅…벨 주   紂…임금이름 주   八…여덟 팔   百…일백 백
載…실을 재, 해 재   最…가장 최   長…길 장
久…오랠 구

간체자와 중국음

周(zhōu)   武(wǔ)   王(wáng),   始(shǐ)   誅(zhū)   紂(zhòu),
八(bā)   百(bǎi)   載(zǎi),   最(zuì)   长(cháng) 久(jiǔ).

주석

周(주)	나라 이름. 기원전 11세기부터 서기전 249년까지 존속함.
武王(무왕)	인명. 주(周)의 개국 군왕. 주 문왕(文王)의 둘째 아들.
始(시)	비로소.
誅(주)	죽이다.
紂(주)	주왕(紂王).
載(재)	해, 년(年).
長久(장구)	오래됨.

해설

주(周) 무왕(武王)은 상(商)을 멸망시킨 후, 주(周)를 세우고 국도(國都)를 호경(鎬京)에다 정하였다. 호경(鎬京)은 지금의 섬서성(陝西省) 서안시(西安市) 부근에 있는데, 역사에서는 이를 "서주(西周)"라고 부른다. 무왕(武王)은 성이 희(姬)고, 이름이 발(發)로, 후직(后稷)의 15대손이요, 문왕(文王)의 아들이다. 그는 천하를 통일한 후 동생 주공(周公)의 도움을 받아 봉건적인 통치제도를 수립하여 통치권을 강화하는 한편 군대를 감축하고 문화와 교육에 힘썼다. 그리하여 주(周)는 총 814년간 존속하였고 그동안에 37명의 황제를 거침으로써 역사상 가장 장수한 나라가 되었다.

52

周 轍 東 ， 王 綱 墜 ，
逞 干 戈 ， 尙 遊 說 ．

해석

주(周)나라가 동쪽으로 천도(遷都)를 한 후 왕조의 통치 기강이 떨어지게
되자, 전쟁이 빈번해지고 유세(遊說)가 숭상을 받았다.

한자풀이

周…두루 주　　　　轍…바퀴자국 철　　東…동녘 동　　　　王…임금 왕
綱…벼리 강　　　　墜…떨어질 추　　　逞…왕성할 령　　　干…방패 간
戈…창 과　　　　　尙…숭상 상, 오히려 상　　　　　　　遊…놀 유
說…유세 세, 말씀 설

간체자와 중국음

周(zhōu)　轍(zhé)　　东(dōng)，　王(wáng)　纲(gāng)　坠(zhuì)，
逞(chěng)　干(gān)　　戈(gē)，　　尚(shàng)　游(yóu)　　说(shuì)．

周(주) 나라 이름. 서주(西周)와 동주(東周) 두 시기를 다 포함함.

轍(철) 수레바퀴가 지나간 흔적. 여기서는 천도(遷都)를 말함. 즉
        주(周)의 동천(東遷).

東(동) 동쪽, 여기서는 낙양(洛陽)을 말함.

王綱(왕강) 조정의 내부 기강, 제왕의 통치권력.

墜(추) 실추됨.

迋(령) 왕성함, 빈번함.

干戈(간과) 원래의 뜻은 방패와 창. 그러나 주로 군사나 무력의 비유로
            많이 쓰임.

尙(상) 숭상함.

遊說(유세) 춘추시대(春秋時代) 때 사대부들이 각국을 주유(周遊)하
            면서 제후국 군주들에게 자기의 정견(政見)이나 주장을 펴
            던 것을 말함.

■ 해설

서주(西周) 말년에 왕위는 유왕(幽王)에게 넘어갔다. 유왕(幽王)은 멍청
하고 무능했던 국왕으로 여색과 술에만 탐닉하고 정치에는 관심이 없었다.
이 때 포사(褒姒)라는 미녀가 유왕(幽王)의 총애를 받게 되었는데, 그녀
는 웃는 것을 좋아하지 않았다. 유왕은 그녀를 즐겁게 하여 웃도록 하려고
봉화(烽火)를 피워 제후들을 놀려주는 장난까지 하였다. 원래 봉화(烽火)
는 적의 침입을 알리기 위한 중요한 신호였다. 그런데 그 봉화로 장난을 쳤
으니, 몰려든 수십만 대군은 실망을 넘어 극도로 유왕을 증오하기에 이르렀
다. 결국 기원전 771년 실제로 소수민족들이 침입했을 때는 제후들이 장난
으로 알고 아무도 출병하지 않았다. 이에 유왕은 피살되고 서주(西周)는
멸망하고 말았다.
서주(西周)가 망하고 난 뒤, 유왕의 아들 평왕(平王)은 국도(國都)를 호
경(鎬京)에서 동쪽 낙양(洛陽)으로 옮겼는데 이것이 "동주(東周)"다. 낙
양으로 천도를 하기는 했지만 왕실이 아주 약해짐에 따라 제후들은 "천자

(天子)"의 명령에는 아랑곳하지 않고 오직 자신들의 기반을 넓히기 위해 군사를 길러 서로 전쟁만을 일삼았으며, 일부 지식인과 책략가(策略家)들은 제후들에게 채용되기 위해 사방으로 다니면서 자신들의 견해와 정치 주장을 펼치는 "세객(說客)"으로 변신하였는데, 이들을 일러 역사에서는 "종횡가(縱橫家)"라 부른다. 전국시기(戰國時期)에 모사(謀士)가 되어 이런 정치 외교활동에 종사했던 소진(蘇秦)과 장의(張儀)는 종횡가로 유명하다. 소진은 초(楚)·제(齊)·연(燕)·조(趙)·위(魏)·한(韓) 등 6국이 남북(南北), 즉 "종(縱)"으로 연합하여 진(秦)에 대항하자는 "합종(合縱)"을 주장하였고, 장의는 동서(東西), 즉 "횡(橫)"으로 제국들을 연합하여 진(秦)에 복종하자고 "연횡(連橫)"을 주장하였던 것이다.

53

始 春 秋 ， 終 戰 國 ，
五 霸 强 ， 七 雄 出 .

■ 해석

춘추(春秋) 시대로부터 전국(戰國) 시대까지 오패(五霸)가 강하였고, 칠웅(七雄)이 출현하였다.

■ 한자풀이

始…비로소 시	처음 시	春…봄 춘	秋…가을 추
終…마칠 종	戰…싸울 전	國…나라 국	五…다섯 오
霸…으뜸 패	强…굳셀 강	七…일곱 칠	雄…수컷 웅
出…날 출			

■ 간체자와 중국음

始(shǐ)	春(chūn)	秋(qīu),	终(zhōng)	战(zhàn)	国(guó),
五(wǔ)	霸(bà)	强(qiáng),	七(qī)	雄(xióng)	出(chū).

始(시)   ~로부터.
春秋(춘추)   시대 명칭. 서기전 770년부터 서기전 475년까지 존속함.
終(종)   ~까지.
戰國(전국)   시대 명칭. 서기전 475년부터 서기전 221년까지 존속함.
오패(五覇)   춘추전국(春秋戰國) 시대 때 여러 제후국 중 세력이 강성
             하여 일시 패자(覇者)라고 했던 다섯 패주(覇主).
强(강)   막강하다.
七雄(칠웅)   춘추전국(春秋戰國) 시대 때 강한 힘을 가졌던 일곱 제후국.
出(출)   출현하다.

해설

주(周) 평왕(平王)이 동천(東遷)한 후, 동주(東周)는 전후 두 시기로 구분되는데, 전기를 춘추(春秋), 후기를 전국(戰國)시대라 부른다. 이 때 주(周) 왕조는 이미 분열이 되어 유명무실한 상태가 되었고, 이에 따라 제후들은 서로 자신들의 이익을 위해 싸움을 하는 한편 자신들이 최고의 강자(强者)라고 세력을 과시함으로써 오패(五覇)와 칠웅(七雄)이 출현하게 되었다.

오패(五覇)란 제(齊)의 환공(桓公)·송(宋)의 양공(襄公)·진(晋)의 문공(文公)·진(秦)의 목공(穆公)·초(楚)의 장왕(莊王) 등 일곱 제후들을 말하고, 칠웅(七雄)이란 춘추시기의 진(秦)·초(楚)·연(燕)·제(齊)·한(韓)·위(魏)·조(趙) 등 일곱 국가를 말한다.

우리가 잘 아는 "순망치한(脣亡齒寒)"·"와신상담(臥薪嘗膽)" 등의 고사는 바로 이 춘추전국(春秋戰國) 시기에 제후들이 혼전을 거듭하면서 상호 병탐을 꾀하던 중에 나온 고사성어(古事成語)이다.

"순망치한"이란 뜻은 "입술이 없으면 이가 시리다."는 뜻으로 "서로 의지하고 돕는 한 나라가 망하면 다른 한 나라도 위태롭다"는 비유이다. 고사의 내력은 이렇다. 진(晋) 헌공(獻公)은 늘 북괵(北虢)을 삼키려고 생각하고 있었으나 중간에 우(虞)가 있어서 출병을 할 수가 없었다. 이에 진

(晋)의 모사(謀士)가 우왕(虞王)에게 찾아가 길을 좀 터 달라고 도움을 청하였다. 이에 우(虞)나라 대신(大臣)이 이에 제동을 걸었다. "북괵(北虢)과 우(虞)는 이와 입술이 서로 의지하는 관계와 같아서 어느 한 쪽이 없어지면 위태롭다고 충언을 하였다. 그러나 우왕(虞王)은 그의 말을 듣지 않고 길을 열어 주었다. 진(晋)은 먼저 북괵(北虢)을 멸망시킨 후, 돌아오는 길에 우(虞)까지 쳐서 손쉽게 두 소국(小國)을 얻게 됨으로써 점차 강대국으로 성장하는데 좋은 기초를 삼았다.

"와신상담"은 섶에 누워 쓸개를 맛본다는 뜻으로, 원수를 갚고자 고생을 참고 견디는 일을 비유할 때 사용된다. 이 고사는 오(吳)나라 왕 부차(夫差)가 월(越)나라 왕 구천(句踐)을 쳐서 원수를 갚기 위해 늘 섶 속에 앉아서 고생을 하였고, 또 월왕 구천은 오나라를 쳐서 회계(會稽)의 치욕을 씻고자 쓸개를 핥으며 보복을 잊지 않았다는 고사에서 비롯된 것이다.

54

嬴 秦 氏 ， 始 兼 幷 ，
傳 二 世 ， 楚 漢 爭 ．

해석

영진씨(嬴秦氏) − 진시황 − 가 겸병을 시작하였으나, 2세대까지만 전해지다
가 초(楚)와 한(漢)이 쟁탈전을 벌이게 되었다.

한자풀이

嬴…가득할 영   秦…진나라 진   氏…각시 씨. 성씨 씨
始…처음 시   兼…겸할 겸   幷…아우를 병
傳…전할 전   二…두 이   世…인간 세
楚…모형 초, 초나라 초   漢…한수 한, 나라 한
爭…다툴 쟁

간체자와 중국음

嬴(yíng)   秦(qín)   氏(shì),   始(shǐ)   兼(jiān)   幷(bìng),
传(chuán)   二(èr)   世(shì),   楚(chǔ)   汉(hàn)   争(zhēng).

주석

嬴秦氏(영진씨)	진(秦) 왕조의 개국 황제. 성은 영(嬴), 이름은 정(政). 12세에 왕위에 올라 39세에 중국을 통일함. "제(帝)"라는 명칭을 씀. 자칭 "진시황(秦始皇)"이라 함.
始(시)	시작하다.
兼幷(겸병)	하나로 합침.
傳(전)	전해지다.
二世(이세)	진시황의 아들 세대.
楚(초)	초나라.
漢(한)	한나라.
爭(쟁)	싸우다. 쟁탈전을 벌이다.

해설

전국(戰國) 말기에 칠웅(七雄)의 하나였던 진(秦)이 점점 강대해져서 크고 작은 국가들을 점차적으로 겸병하여 중국 역사상 최초로 중국을 완전히 통일하게 되었다. 이 왕조가 진(秦)이며, 천하를 통일 시킨 사람이 진시황(秦始皇)이다. 진시황은 강력한 중앙집권제를 실시하여 전국의 문자와 법률·화폐·도량형 등을 통일하는 등 훌륭한 업적을 많이 남기기도 하였지만 가혹한 정치로 백성들의 원성을 크게 사기도 하였다.

진시황은 진(秦) 장양왕(莊襄王)의 아들인데, 장양왕은 일찍이 조(趙)나라에 인질로 잡혀 있었다. 이 때 대상인(大商人) 여불위(呂不韋)가 그를 도와 즉위를 시켰다. 뒤에 장양왕이 여불위의 애첩을 좋아하자 그는 자신의 아기를 잉태한 애첩을 여불위에게 주었다. 여불위에게서 애기가 태어나 진시황이 되었으니, 이는 바로 다름 아닌 여불위의 친아들이다. 여불위는 학자와 변론가 3천명을 빈객으로 우대하면서 ≪여씨춘추(呂氏春秋)≫라는 일종의 대백과를 편찬하기도 하였다.

진시황은 사람들의 생각까지도 통일하기 위해 당시의 지배이념이었던 법가사상서와 실용서적 외의 모든 책은 다 소각하도록 하였고 비판적인 유생들은 탄압 내지는 생매장을 해 버렸다. 이것이 그 유명한 "분서갱유(焚書坑

儒)〞 사건이다.

진시황이 죽고 난 후 그의 아들 호해(胡亥)가 왕위에 올랐으나 실정(失政)으로 인하여 농민들이 거센 기의(起義)를 일으켰다. 이 때 초패왕 항우(項羽)가 8천의 군대를 이끌고 조반(造反)을 감행. 진왕(秦王) 호해(胡亥)를 죽여 진왕조를 와해시키고 말았다. 이에 항우는 다른 의군(義軍)의 총수였던 유방에게 한왕(漢王)의 자리를 주고 자신은 서초(西楚)의 패왕이라고 하였다. 이로부터 장장 5년이라는 긴 기간 동안 초(楚) 패왕 항우(項羽)와 한(漢)의 유방(劉邦)간의 천하 쟁탈전이 벌어지게 된 것이다.

55

高祖興， 漢業建， 至孝平， 王莽纂.

해석

고조(高祖)가 흥기하여 한(漢)나라가 세워졌지만, 효평(孝平)에 와서 왕망(王莽)이 찬탈을 하였다.

한자풀이

高…높을 고　　　祖…할아버지 조　　興…흥할 흥　　　漢…한나라 한
業…일 업　　　　建…세울 건　　　　至…이를 지　　　孝…효도　효
平…평평할 평　　王…임금 왕　　　　莽…우거질 망　　纂…빼앗을 찬

간체자와 중국음

高(gāo)　　祖(zǔ)　　興(xīng)，　汉(hàn)　　业(yè)　　　建(jiàn)，
至(zhì)　　孝(xiào)　平(píng)，　王(wáng)　莽(mǎng)　纂(zuǎn).

高祖(고조)　　　한(漢)나라 유방(劉邦).
興(흥)　　　　　흥성. 흥기하다.
漢業(한업)　　　한(漢)나라의 제업(帝業).
建(건)　　　　　세우다. 건립하다.
至(지)　　　　　～에 이르러.
孝平(효평)　　　효평제(孝平帝). 이름은 간(衎).
王莽(왕망)　　　인명. 자는 거군(巨君). 한원제(漢元帝) 왕황후(王皇后)
　　　　　　　　의 조카. 책모(策謀)로서 평제(平帝)를 죽이고 한조(漢
　　　　　　　　朝)를 빼앗아 즉위하여 신(新)나라를 세웠으나 내치(內
　　　　　　　　治)·외교(外交)에 실패하여 재위 15년 만에 광무제(光
　　　　　　　　武帝)에게 망함.
簒(찬)　　　　　찬탈함.

해설

진(秦)을 멸망시킨 후 항우(項羽)는 공신들에게 전국을 분봉하였는데, 원칙 없는 영토분배에 제후왕들의 불만은 대단하였다. 특히 척박한 땅을 분봉받은 유방(劉邦)은 마침 항우가 초의 의제를 살해한 것을 명분으로 항우와의 대결을 시작하였다. 전투에서 항우군의 무공(武功)은 대단하였지만, 전쟁이 장기화되자 후방기지 건설에 실패한 항우는 점차 열세에 놓이게 되었다. 반면 유방은 인재 등용에 신중하여 장량(張良)·소하(蕭何)·한신(韓信) 등 이른바 "한흥삼걸(漢興三杰)"을 얻어 점차 세력이 강대해 갔다. 결국 항우는 해하(垓下)―하금의 안휘성(安徽省) 영벽현(靈壁縣) 일대―에서 유방의 군대에 포위가 되었다. 이 때 유방은 "사면초가(四面楚歌)"란 계책으로 항우 군대의 마음을 흔들어 놓았다. 이에 항우는 대세가 기울었음을 감지하고 자신의 애첩(愛妾) 우희(虞姬)와 애마(愛馬) 오추마(烏騅馬)에게 자신의 강개(慷慨)를 이렇게 읊었다. "힘은 산을 뽑고, 기세는 천하를 덮었건만, 때가 불리하니 추(騅)도 달리려 않는구나. 추가 달리려 않으니 내 어찌 할거나. 우(虞)여, 우(虞)여, 너를 어찌 할거나."

극적으로 포위망을 뚫고 탈출하여 강 하나를 사이에 둔 고향 땅까지 갈 수 있었지만, 그는 마침내 스스로 목숨을 끊고 말았다. 이 때 그의 나이는 겨우 서른 둘이었다.

최후의 승자가 된 유방은 마침내 제위에 올라 한왕조를 세우니, 이것이 바로 한(漢) 고조(高祖)인 것이다. 그러나 12세 효평(孝平) 황제에 와서 왕위는 재상이었던 왕망(王莽)에게 빼앗기고 말았다.

왕망(王莽)은 한 원제(元帝) 황후의 조카로, 재상의 자리를 훔친 후 효평(孝平) 황제를 독살시키고, 얼마지 않아 제위를 찬탈하여 국호를 "신(新)"이라고 개칭하였다. 그러나 신(新) 왕조는 18년이란 짧은 기간 동안 존속해 오다가 농민군의 기의(起義)에 의해 멸망하고 말았다.

56

光 武 興 ， 爲 東 漢 ，
四 百 年 ， 終 于 獻 .

해석

광무제(光武帝)가 중흥을 시켜서 동한(東漢)을 세웠는데, 400년 동안 존속하다가 헌제(獻帝)에 와서 끝났다.

한자풀이

光…빛 광　　　武…굳셀 무　　　興…흥할 흥　　　爲…할위·될 위
東…동녘 동　　　漢…한나라 한　　四…넉 사　　　百…일백 백
年…해 년　　　終…끝 종　　　于…어조사 우　　　獻…바칠 헌

간체자와 중국음

光(guāng)　武(wǔ)　　兴(xīng)，　为(wéi)　　东(dōng)　汉(hàn)，
四(sì)　　百(bǎi)　　年(nián)，　终(zhōng)　于(yú)　　献(xiàn).

주석

光武(광무)　　광무제(光武帝). 성은 유(劉). 이름은 수(秀), 자는 문숙
　　　　　　　(文叔), 유방(劉邦)의 9대손.
興(흥)　　　　중흥하다.
爲(위)　　　　되다. 이룩하다.
東漢(동한)　　광무(光武)가 중흥을 시킨 이후를 동한(東漢)이라 함. 그
　　　　　　　이전은 서한(西漢).
終(종)　　　　마치다. 끝나다. 망하다.
于(우)　　　　〜에.
獻(헌)…한(漢)　헌제(獻帝), 이름은 협(協), 한조(漢朝)최후의 황제.

해설

왕망(王莽) 말년에 각지에서 의군(義軍)들이 봉기하자 유수(劉秀), 즉
광무(光武)도 유씨 성의 왕조를 다시 회복시키기 위한 목적의식을 가지고
군대를 일으켜 왕망(王莽)을 반대하였다. 초기에는 농민 기의군(起義軍)
과 함께 연합하여 왕망을 제거하고, 그리고 나서 다시 농민 기의군을 진압
하였다. 그는 25년에 황제라 칭하고 한(漢) 왕조를 부흥시켰다. 얼마지 않
아 낙양(洛陽)에 도읍을 정하였는데, 역사에서는 이를 동한(東漢)이라 부
른다. 그러나 한 헌제(獻帝)에 와서 왕위는 다시 조비(曹丕)에게 빼앗기
게 됨으로써 동한(東漢) 왕조는 끝을 맺고 말았다. 서한·동한은 서기전
206년부터 220년까지 425년간 지속되었다.

57

魏 蜀 吳 ， 爭 漢 鼎 ，
號 三 國 ， 迄 兩 晋 .

해석

위(魏)·촉(蜀)·오(吳)가 한(漢)의 정권을 놓고 싸웠고, 그 이름을 삼
국(三國)이라 불렀는데 이는 양진(兩晋)에 와서야 끝이 났다.

한자풀이

魏…위나라 위	蜀…촉나라 촉	吳…오나라 오	爭…다툴 쟁
漢…한나라 한	鼎…솥 정	號…부를 호	三…석 삼
國…나라 국	迄…이를 흘	兩…둘 량	晋…진나라 진

간체자와 중국음

魏(wèi)	蜀(shǔ)	吳(wú),	争(zhēng)	汉(hàn)	鼎(dǐng),
号(hào)	三(sān)	国(guó),	迄(qì)	两(liǎng)	晋(jìn).

魏(위)	삼국시기 조조(曹操)의 아들 조비(曹丕)가 건립한 왕조.
蜀(촉)	삼국시기 유비(劉備)가 세운 왕조.
吳(오)	삼국시기 손권(孫權)이 세운 왕조.
爭(쟁)	싸우다.
漢鼎(한정)	한조(漢朝) 정권. 정(鼎)은 원래 고대에 청동으로 만든 대형 그릇으로 제위(帝位)를 상징함. 후세에 와서는 "정권"·"나라" 등의 의미로 쓰임. 그래서 천하를 놓고 쟁탈전을 벌인다는 뜻으로 "문정(問鼎)", 도읍을 세우거나 왕조를 세우는 것을 "정정(定鼎)"이라고 함.
號(호)	~라고 부르다.
三國(삼국)	세 나라. 즉 위·촉·오.
迄(흘)	완결되다. 끝나다.
兩晋(양진)	진조(晋朝). 서진(西晋)과 동진(東晋) 두 시기를 다 포함함.

■ 해설

유비(劉備)의 촉(蜀), 조조(曹操)의 위(魏), 손권(孫權)의 오(吳), 이 세 나라가 한조(漢朝)의 천하를 놓고 쟁탈전을 벌였는데, 이를 역사에서는 삼국시기라 부른다. 뒤에 이 삼국은 진(晋)의 사마염(司馬炎)에 의해 멸망당하였다.

동한(東漢) 말년에 천하는 혼란스러웠다. 이 때 조조는 한(漢) 헌제(獻帝)를 맞아들여 명분을 얻은 뒤 천자를 등에 업고 제후들에게 명령하여 여포(呂布)·원소(袁紹) 등의 할거 세력을 평정한 후 점차 중국의 북부를 통일하였다. 이 때부터 그는 실제적으로 대권을 모두 쥐고 있었고 한(漢) 헌제(獻帝)는 그저 허수아비에 불과하였다.

208년에 조조는 군대를 이끌고 남하(南下)하였지만, 손권(孫權)과 유비(劉備)의 오촉(吳蜀) 연합군에 의해 적벽(赤壁)에서 대패하고 말았다. 조조가 죽고 나자 그의 아들 조비(曹丕)가 헌제를 퇴위시키고 스스로 제왕이 되어 국호를 위(魏)라 하였다. 위나라는 삼국 중에서 세력이 가장 강했다. 조비가 죽고 난 다음 사마염(司馬炎)이 위의 정권을 탈취하여 진(晋)을 건립하였다.

58

宋 齊 繼 , 梁 陳 承 ,
爲 南 朝 , 都 金 陵 .

해석

송(宋)에 이어 제(齊)가 계승을 하였고, 양(梁)에 이어 진(陳)이 계승을
하였는데, 이를 남조(南朝)라 하며, 이들은 모두 금릉(金陵)에다 도읍을
두었다.

한자풀이

宋…송나라 송　　　　齊…가지런할 제, 제나라 제　　繼…이을 계
梁…들보 량, 양나라 양　陳…늘어놓을 진, 진나라 진　承…이을 승
爲…할 위, 될 위　　　　南…남녘 남　　　　　　　　朝…아침 조
都…도읍 도　　　　　　金…쇠 금　　　　　　　　　陵…언덕 릉

간체자와 중국음

宋(sòng)　齐(qí)　　继(jì),　　梁(liáng)　陈(chén)　承(chéng),
为(wéi)　南(nán)　朝(cháo),　都(dū)　　金(jīn)　　陵(líng).

宋(송)   국명. 남조(南朝)의 첫 번째 왕조로 420년부터 479년까지
                   존속함. 송(宋) 무제(武帝) 유유(劉裕)가 세움. 통치지역
                   은 황하(黃河) 이남의 일부지역.

齊(제)   국명. 남조의 두 번째 왕조로 479년부터 502년까지 존속함.
                   제(齊) 고제(高帝) 소도성(蕭道成)이 세움. 통치지역은
                   송(宋)과 기본적으로 같음.

繼(계)   이어짐.

梁(량)   국명. 남조(南朝)의 세 번째 왕조로 502년부터 557년까지
                   존속함. 양(梁) 무제(武帝) 소연(蕭衍)이 세움. 통치지역
                   은 송(宋)·제(齊)와 기본적으로 같음.

陳(진)   국명. 남조(南朝)의 마지막 왕조. 진(陳) 고조(高祖) 진
                   패선(陳覇先)이 세움. 통치지역은 장강(長江) 이남의 화
                   동(華東)과 광동(廣東)·광서(廣西) 지역.

承(승)   잇다.

爲(위)   〜이다.

南朝(남조)   5세기초부터 6세기말까지 중국에서 남북으로 대치하고 있던
                   나라 중 남방에 있던 네 나라. 즉 송(宋)·제(齊)·양
                   (梁)·진(陳)을 남조(南朝)라 함. 북방에 있던 북위(北
                   魏)·동위(東魏·서위(西魏)·북주(北周)·북제(北齊)
                   등은 북조(北朝)라 하고, 이 시기를 남북조(南北朝) 시기
                   라 함.

都(도)   〜에 서울을 정함.

金陵(금릉)   지금의 남경(南京).

■ 해설

본문은 중국 남북조(南北朝) 시기의 남조(南朝)에 대한 언급이다. 남조
(南朝)라 하면 중국 남방에서 계속하여 왕조가 연이어 출현하였던 송(
宋)·제(齊)·양(梁)·진(陳)을 말한다. 이들은 모두 국도(國都)를 지
금의 남경(南京)인 금릉(金陵)—건업(建業)·건강(建康)이라고도 함—
에 두었던 것이다.

北 元 魏 ， 分 東 西 ，
宇 文 周 ， 與 高 齊 ．

해석

북원위(北元魏), 즉 북위(北魏)는 동위(東魏)와 서위(西魏)로 나누어졌다가, 뒤에 우문각(宇文覺)의 주(周)와 고양(高洋)의 제(齊)로 각각 교체되었다.

한자풀이

北…북녘 북　　　元…으뜸 원　　　魏…위나라 위　　　分…나눌 분
東…동녘 동　　　西…서녘 서　　　宇…집 우　　　　文…글월 문
周…두루 주, 주나라 주　　　　　與…더불 여　　　高…높을 고
齊…가지런할 제, 제나라 제

간체자와 중국음

北(běi)　　元(yuán)　　魏(wèi)，　分(fēn)　　东(dōng)　西(xī)，
宇(yǔ)　　文(wèn)　　周(zhōu)，　与(yú)　　高(gāo)　齐(qí).

北元魏(북원위)	북위(北魏). 남북조(南北朝) 시기 북조(北朝) 최초의 나라. 효문제(孝文帝) 때 중국문화를 너무 경모(敬慕)하였던 결과 성을 "원(元)"으로 바꿈으로써 "북원위(北元魏)"라 칭한 것.
分(분)	나뉘다.
東西(동서)	동위(東魏)와 서위(西魏).
宇文周(우문주)	북주(北周). 북조(北朝)의 하나. 북주 효민제(孝閔帝) 우문각(宇文覺)이 세운 왕조. 우문각의 성이 "우문(宇文)"이었기에 "우문주(宇文周)"라 칭한 것.
與(여)	~와 더불어, ~와.
高齊(고제)	북제(北齊). 북조(北朝)의 하나. 북제 문선제(文宣帝) 고양(高洋)이 세운 왕조. 고양의 성이 "고(高)"씨인 고로 "고제(高齊)"라 한 것.

■ 해설

남조(南朝)와 같은 시기에 북방에는 "북조(北朝)가 있었으니, 북위(北魏)·동위(東魏)·서위(西魏)·북주(北周)·북제(北齊)가 바로 이 북조에 해당한다. 가장 먼저 건립된 북위(北魏)는 탁발규(拓拔珪)에 의해 세워졌다. 북위의 건국 과정을 보면 서진(西晋)이 흉노에게 멸망된 후, 동진(東晋)은 남으로 수도를 옮겼는데, 이 때 북방에서는 "오호십육국(五胡十六國)[20]의 혼란한 국면이 형성되었다. 이 십육국의 하나로 있던 탁발규가 386년에 나라 이름을 위(魏)라 고쳤는데, 역사에서는 이를 북위(北魏)라 부른다. 북위는 14세(世), 150여 년 동안 유지되다가 534년에 분열이

---

20) 오호십육국(五胡十六國) : 진(晋)나라 말엽부터 남북조(南北朝) 시대에 이르기까지 오호(五胡)가 세운 열 세 나라와 한족(漢族)이 세운 세 나라. 곧 오호(五胡)는 흉노(匈奴)·갈(羯)·선비(鮮卑)·저(氐)·강(羌)을 말하고, 십육국(十六國)은 전조(前趙)·성한(成漢)·후조(後趙)·전량(前涼)·전연(前燕)·전진(前秦)·후연(後燕)·후진(後秦)·서진(西秦)·후량(後涼)·남연(南燕)·서량(西涼)·남량(南涼)·북량(北涼)·대하(大夏)·북연(北燕)을 말함.

되어 동위(東魏)와 서위(西魏)로 나누어졌다.

동위(東魏)는 하북·산동·산서·하남의 일부를 중심으로 17년 동안 존속하였다가 말기에 효정제(孝靜帝)가 고양(高洋)에게 실권을 빼앗김으로써 마침내 550년에 북제(北齊)에게 멸망당했다. 이 북제(北齊)는 동위(東魏)가 통치하던 지역을 그대로 받아 6세(世), 28년 동안 존속해 오다가 557년 북주(北周)에게 멸망당했다.

서위(西魏)는 섬서(陝西)·감숙(甘肅)·산서(山西)의 일부 지방을 중심으로 3세(世), 22년간 이어 오다가 557년에 우문각(宇文覺)에게 실권을 빼앗겨 북주(北周)에게 멸망당하고 말았다. 이 북주(北周)는 5세(世), 25년을 내려오다가 581년 외척 양견(楊堅)의 핍박으로 정제(靜帝)가 퇴위함으로써 북주는 멸망하고 말았다.

60

迨 至 隋 ， 一 土 宇 ，
不 再 傳 ， 失 統 緒 ．

해석

수(隋)에 이르러 나라가 하나로 통일이 되었으나, 2세까지 더 이상 전해지지 않고 그 통치 계통이 상실되고 말았다.

한자풀이

迨…미칠 태   至…이를 지   隋…수나라 수   一…한 일
土…흙 토   宇…집 우   不…아니 불   再…있을 재
傳…전할 전   失…잃을 실   統…거느릴 통   緒…실마리 서

간체자와 중국음

迨(dài)   至(zhì)   隋(suí),   一(yī)   土(tǔ)   宇(yǔ),
不(bù)   再(zài)   传(chuán),   失(shī)   统(tǒng)   绪(xù).

迨(태)   미치다, 되다.

至(지)   ~에 이르다.

隋(수)   국명. 남북조(南北朝)를 이은 후, 중국을 통일한 왕조.

一(일)   하나로 하다, 통일하다. 여기서는 동사로 쓰임.

土宇(토우)   나라, 국가.

再(재)   다시, 더 이상.

傳(전)   전해지다, 계승되다.

失(실)   잃다, 상실하다.

統緖(통서)   통치의 계통, 즉 세계(世系)를 말함.

해설

수(隋)에 와서 중국은 다시 한 번 천하가 통일되는 국면을 맞이하였다. 개국 황제인 수(隋) 문제(文帝) 양견(楊堅)(541~604)은 원래 북주(北周) 선제(宣帝) 황후의 부친이었는데, 수(隋)의 국공(國公)으로 봉해진 뒤부터 실권을 장악하였다. 580년 선제(宣帝)가 죽었을 때 그의 아들 정제(静帝)는 겨우 8세에 불과 하였다. 그 이듬해 양견(楊堅)은 정제(静帝)를 폐(廢)하고 스스로 제왕의 자리에 앉아 수(隋)를 건립한 후, 장안(長安)에다 국도를 정하였다. 그후 그는 점차적으로 양(梁)·진(陳)을 멸망시키고 남북조(南北朝)로 양분되어 있던 국면을 완전히 끝내고 천하를 통일하였다. 양견은 재위 때 근면 성실한 자세로 조정의 일에 열성을 다하였고 백성들의 어려움을 알고 세금을 감면해 주는 등 좋은 일을 많이 함으로써 농업의 발전을 크게 진보시켰다. 그러나 604년에 태자인 양광(楊廣)에게 피살되고 말았다.

양광(楊廣)은 즉위하여 양제(煬帝)라 칭하고 낙양(洛陽)에 도읍을 정하였다. 그는 황음무도(荒淫無道)한 정치를 하여 국력이 극도로 쇠퇴하였으며, 과도하게 외유(外遊)를 하는 한편, 운하를 파고 장성(長城)을 수축(修築)하고, 토목공사를 크게 벌이고 궁전을 건축하는 등 백성들을 가만두지 않았다. 결국 그의 이런 폭정은 수말(隋末)에 와서 거대한 농민의 기의(起義)를 불러일으켰다. 618년 마침내 이연(李淵)에 의해 수(隋)는 멸망하고 말았다.

61

唐 高 祖 ， 起 義 師 ，
除 隋 亂 ， 創 國 基 ．

해석

당(唐) 고조(高祖)가 의병을 일으켜, 수(隋)의 난(亂)을 평정해 없애고 나라의 기초를 세웠다.

한자풀이

唐…당나라 당　　高…높을 고　　祖…조상 조　　起…일어날 기
義…옳을 의　　師…스승 사　　除…없앨 제　　隋…수나라 수
亂…어지러울 란　　創…지을 창　　國…나라 국　　基…터 기

간체자와 중국음

唐(táng)　高(gāo)　祖(zǔ),　起(qǐ)　义(yì)　师(shī),
除(chú)　隋(suí)　乱(luàn),　创(chuàng) 国(guó)　基(jī).

唐(당)   국명. 이연(李淵)이 세운 나라.
高祖(고조)   당(唐)의 개국 황제. 이연(李淵).
起(기)   ~을 일으키다.
義師(의사)   의병.
除(제)   제거하다.
隋亂(수란)   수(隋)나라의 어지러운 형국.
創(창)   창립. 창설하다. 이룩하다.
國基(국기)   국가의 기초.

■ 해설

본문은 당(唐) 고조(高祖) 이연(李淵)이 의병을 일으켜 수(隋) 양제(煬帝) 양광(楊廣)의 통치를 뒤엎고 천하의 난을 평정하여 당(唐)의 기업을 세웠던 내용을 언급한 것이다.

당(唐)은 중국 역사에서 상당히 강성한 국력을 가졌던 왕조로, 619년부터 907년까지 약 300년간 유지가 되었다. 당(唐)을 세운 이연(李淵)의 자는 숙덕(叔德)이다. 그는 566년부터 639년까지 재위하였다. 수말(隋末)에 농민들의 기의(起義)가 일어나자 이연은 617년에 진양(晉陽) – 지금의 산서(山西) 태원(太原) 서남 – 에서 의병을 일으켜 천하를 다투었다. 그의 둘째 아들 이세민(李世民) – 당태종(唐太宗) – 의 도움 아래 수(隋)의 국도인 장안(長安)을 공격해 들어갔고, 얼마지 않아 각 지방의 농민들의 기의를 평정하였다. 619년에 수(隋) 공제(恭帝)를 폐위시키고 자신이 제위에 오름으로써 당(唐) 왕조가 세워지게 되었다.

907년에 당(唐)의 장령(將領) 주전충(朱全忠)이 애제(哀帝)를 퇴위시키고 국호를 양(梁)이라 고침으로써 당은 망하고 말았다. 당(唐)은 20세(世) 289년간 지속되었다. 이 중에는 무칙천(武則天)[21]이 제왕이라고 칭했던 15년도 이에 포함된다.

---

21) 무칙천(武則天) : 당(唐)나라 고종(高宗)의 황후. 성은 무(武), 이름은 조(曌). 고종이 죽고 난 후 그의 아들 중종(中宗)과 예종(睿宗)을 폐하고 스스로 제위(帝位)에 올라 국호를 주(周)라고 고치고 음학(淫虐)한 생활을 하였음. 시호(諡號)를 칙천황후(則天皇后)라 함. 후에 재상 장간지(張柬之) 등에 의해 폐위됨.

62

二十傳, 三百載,
梁滅之, 國乃改.

해석

이십 대(代)를 전해 내려오는데 300년이 되었으나, 양(梁)이 이를 멸망시키고 나라 이름을 이내 고쳤다.

한자풀이

二…두 이   十…열 십   傳…전할 전   三…석 삼
百…일백 백   載…실을 재, 해 재 梁…들보 량   滅…멸망할 멸
之…갈 지   國…나라 국   乃…이에 내   改…고칠 개

간체자와 중국음

二(èr)   十(shí)   传(chuán), 三(sān)   百(bǎi)   载(zǎi),
梁(liáng)   灭(miè)   之(zhī),   国(guó)   乃(nǎi)   改(gǎi).

주석

二十(이십)	이십 대(代).
傳(전)	전해지다. 이어지다.
載(재)	해. 년(年).
梁(양)	국명. 후량(後梁).
滅(멸)	멸망시키다. 소멸시키다.
之(지)	그. 그것. 여기서는 당(唐)을 말함.
國(국)	나라. 왕조.
乃(내)	이에.
改(개)	바뀌다.

해설

당(唐)은 618년 고조(高祖) 이연(李淵)이 당(唐)을 건립하고부터 20대 (代)에 289년을 거쳐왔지만. 907년에 와서 주온(朱溫)에게 멸망당하고 말았다. 당(唐)이 멸망당하고 국호는 바로 "후량(後梁)"으로 바뀌었다.

당(唐) 제국의 영화와 몰락을 상징하는 시점은 현종(玄宗) 때였다. 712년 에 즉위한 현종(玄宗)의 원래 이름은 이융기(李隆基)로. 그는 당명황(唐 明皇)이라 불리기도 하였다. 그가 재위하던 중 한 때는 나라가 아주 번성 하고 사회가 안정되어 "개원지치(開元之治)"라는 명성 속에서 사회가 안 정되었던 때도 있었지만. 뒤에 가서는 양귀비(楊貴妃)에게 매료되어 국정 에 대해서는 별로 신경을 쓰지 아니하였다. 그리하여 모든 국사(國事)를 명문 귀족 출신이었던 이임보(李林甫) 등에게 맡겨 놓고 자신은 황음무도 (荒淫無道)한 생활만을 일삼았다. 이로 인해 "안사(安史)의 난[22]"이 일 어나게 되었다. 반란이 일어나자 현종은 72세의 늙은 몸으로 서쪽의 촉 (蜀) 땅으로 피난을 하였다. 그러나 장안을 떠나 백 리쯤 되는 마외역(馬 嵬驛)에 도착하였을 때. 성난 대신(大臣)들과 전군(全軍) 장사(將士)들

---

22) 안사(安史)의 난 : 당(唐) 현종(玄宗) 말엽에 안록산(安祿山)과 사사명(史思明)이 주동 이 되어 일으킨 반란. 천보(天寶) 14년, 즉 755년에 안록산이 먼저 군대를 일으키고 사사명이 이를 계승하여 숙종(肅宗)의 광덕(廣德) 원년(元年)에 사사명의 아들 조의 (朝義)가 죽을 때까지 전후 9년간이나 계속된 중국 사상 유명한 큰 반란.

은 양귀비를 죽이라고 압박하였다. 이에 현종은 눈물을 머금고 양귀비를 죽게 하고 말았다. 피난 중에 백성들이 반란을 막아 달라고 거세게 요구하자 그는 마침내 아들에게 제위를 양위하니, 이 아들이 바로 숙종(肅宗)이다. 안사의 난 이후로도 당(唐)은 150년간 명맥을 유지했으나, 그 이전에 보여 주었던 세계 제국으로서의 당당했던 풍모는 더 이상 찾아볼 수 없게 되었다. 참고로 당(唐)의 20대(代) 황제들을 정리하면 다음과 같다. 고조(高祖)→태종(太宗)→고종(高宗)→중종(中宗)→예종(睿宗)→현종(玄宗)→숙종(肅宗)→대종(代宗)→덕종(德宗)→순종(順宗)→헌종(憲宗)→목종(穆宗)→경종(敬宗)→문종(文宗)→무종(武宗)→선종(宣宗)→의종(懿宗)→희종(僖宗)→소종(昭宗)→소선황제(昭宣皇帝) 순이다.

63

梁 唐 晉, 及 漢 周, 稱 五 代, 皆 有 由.

해석

후량(後梁) · 후당(後唐) · 후진(後晉), 그리고 후한(後漢) · 후주(後周)를 오대(五代)라 부르는데, 여기에는 각각 유래가 있다.

한자풀이

梁…들보 량, 양나라 양　　　唐…당나라 당　　　晉…진나라 진
及…미칠 급　　　　　　　　漢…한나라 한　　　周…두루 주, 주나라 주
稱…일컬을 칭　　　　　　　五…다섯 오　　　　代…대신할 대
皆…다 개　　　　　　　　　有…있을 유　　　　由…말미암을 유

간체자와 중국음

梁(liáng)　唐(táng)　晋(jìn),　及(jí)　汉(hàn)　周(zhōu),
称(chēng)　五(wǔ)　代(dài),　皆(jiē)　有(yǒu)　由(yóu).

梁(양)   후량(後梁), 907년부터 923년까지 존속함.

唐(당)   후당(後唐), 923년부터 937년까지 존속함.

晋(진)   후진(後晋), 926년부터 947년까지 존속함.

及(급)   ～와(과), 그리고.

漢(한)   후한(後漢), 847년부터 951년까지 존속함.

周(주)   후주(後周), 951년부터 954년까지 존속함.

稱(칭)   ～라 부르다.

五代(오대)   당(唐)이 멸망한 후로부터 북송(北宋)이 건립되기까지의 54년간을 말함. 즉 907부터 960년까지를 말함.

皆(개)   모두, 다.

有(유)   있다.

由(유)   연유, 유래.

해설

후량(後梁)은 오대(五代)의 첫 번 째 왕조로, 양(梁) 태조(太祖) 주황(朱晃)이 세웠다. 수도는 개봉(開封)에다 정하였다. 주황의 원래 이름은 주온(朱溫)으로, 한 때 당말(唐末) 황소(黃巢) 기의군(起義軍)의 장령(將領)이었다. 뒤에 당조(唐朝)에 투항한 후 그는 농민 기의군을 진압하였고 이로 양왕(梁王)에 봉해졌다. 907년 그는 애제(哀帝)를 폐위하고 국호를 양(梁)이라 하였는데 이것이 바로 후량이다. 3대, 12년을 유지하다가 후당(後唐)에 의해 멸망하였다.

후당(後唐)은 장종(莊宗) 이존욱(李存勖)이 세운 나라로, 국도는 낙양(洛陽)에다 두었다. 그의 부친 이극용(李克用)이 농민 기의군을 진압한 공으로 진왕(晋王)에 봉해졌는데, 후량과 20여 년을 대치하였다. 923년에 이존욱이 위주(魏州)에서 제위에 올라 당(唐)을 세우니 이것이 후당이다. 같은 해에 그는 후량을 멸하고 낙양으로 천도를 하였다. 4대, 14년 동안 유지되었다.

후진(後晋)은 진(晋) 고조(高祖) 석경당(石敬塘)이 세운 나라로, 국도는 개봉(開封)에 두었다. 그는 후당(後唐) 명종(明宗)의 사위로 후당을 찬탈한 후 국호를 진(晋)이라 하였다. 2대, 11년 동안 유지해 오다가 947년 거란(契丹)이 남침, 개봉을 공격함에 따라 후진은 멸망하고 말았다.

후한(後漢)은 고조(高祖) 유지원(劉知遠)이 세운 나라로 국도는 개봉(開封)에 두었다. 유지원이 죽자 그의 차남 유승우(劉承佑)가 제위를 계승하여 은제(隱帝)가 되었지만, 정권은 대신(大臣)들에 의해 좌지우지 되었다. 951년에 은제가 이들을 제거하려다 사전에 누출이 되어 대신 곽위(郭威)에게 살해당함으로써 후한은 멸망하고 말았다. 후한은 2대, 4년 동안 유지되었다.

후주(後周)는 오대(五代)의 마지막 왕조로, 이는 곽위(郭威)에 의해 세워졌다. 곽위는 제위에 올라 주(周)라고 국명을 바꿈으로써 후주(後周)가 되었다. 그는 백성들의 부담을 경감해 주는 조치를 취해 후세에 명군이라는 평가를 받았다. 후주는 2대, 9년 동안 유지되었다.

64

炎 宋 興 ， 受 周 禪 ，
十 八 傳 ， 南 北 混 .

해석

염송(炎宋)—북송(北宋)—이 흥기하여, 후주(後周)의 선양을 받아들였지만, 18년간 전해져 가면서 남송(南宋)과 북송(北宋)은 혼전(混戰)을 하였다.

한자풀이

염…불꽃 염　　　宋…송나라 송　　興…흥할 흥　　　　受…받을 수
周…두루 주, 주나라 주　　　　　禪…봉선 선, 사양할 선
十…열 십　　　八…여덟 팔　　　傳…전할 전　　　南…남녘 남
北…북녘 북　　　混…섞을 혼

간체자와 중국음

炎(yán)　　宋(sòng)　　兴(xīng),　　受(shòu)　　周(zhōu)　　禅(shàn),
十(shí)　　八(bā)　　　传(chuán),　南(nán)　　北(běi)　　混(hùn).

주석

炎宋(염송)　　　조광윤(趙匡胤)이 세운 송(宋)나라. 화덕(火德)으로 천자
　　　　　　　　(天子)가 되었기에 "염송(炎宋)"이라 한 것.

興(흥)　　　　　흥기하다.

受(수)　　　　　접수하다.

周(주)　　　　　후주(後周). 오대(五代)의 마지막 왕조. 951년부터 960년
　　　　　　　　까지 존속함.

禪(선)　　　　　선양(禪讓)하다.

傳(전)　　　　　전해지다. 이어지다.

南北(남북)　　　남송(南宋)과 북송(北宋)을 말함.

混(혼)　　　　　혼란스러워지다.

해설

송(宋) 왕조는 송(宋)의 개국 황제인 조광윤(趙匡胤)이 후주(後周)를
멸망시키고 건국을 한 것이 아니라, 후주 황제의 선양을 받아 들여 나라를
세운 것인데 이것이 바로 북송(北宋)이다.

북송(北宋) 태조(太祖)는 각종 격파작전을 통해서 이른바 오대(五代)[23]
때에 혼전(混戰) 할거(割據) 했던 "십국(十國)"[24]을 모두 멸망시키고
중국을 통일하였지만, 휘종(徽宗)·흠종(欽宗) 때 와서 금(金)의 침입을
받아 끝내는 멸망하고 말았다.

북송이 멸망한 후, 송(宋) 고종(高宗) 조구(趙構)가 지금의 항주(杭州)
인 임안(臨安)으로 내려와 남송(南宋)을 세웠다.

남송 초에 악비(岳飛)[25]가 북벌을 감행, 남경(南京)·양양(襄陽) 육군

---

23) 오대(五代) : 후량(後梁)·후당(後唐)·후진(後晉)·후한(後漢)·후주(後周)

24) 십국(十國) : ① 회남(淮南) 중심의 오(吳), ② 사천(四川) 중심의 전촉(前蜀), ③ 남해
(南海) 중심의 남한(南漢), ④ 복건(福建) 중심의 민(閩), ⑤ 양절(兩浙) 중심의 오월
(吳越), ⑥ 호남(湖南) 중심의 초(楚), ⑦ 형남(荊南) 중심의 남평(南平), ⑧ 사천(四川)
중심의 후촉(後蜀), ⑨ 강남(江南) 중심의 남당(南唐), ⑩ 산서(山西) 중심의 북한(北
漢) 등의 국가를 말함.

25) 악비(岳飛) : 남송(南宋)의 충신. 자는 붕거(鵬擧). 금(金)나라 군대를 격파하여 공을
세워 벼슬이 태위(太尉)에 이르렀음. 당시 조정에 금(金)나라와 화해를 하자는 주장이

(六郡)을 수복하고, 계속하여 북벌을 진행하여 중원(中原)까지 수복을 할
수 있었으나, 재상이었던 진회(秦檜)가 무능한 고종(高宗)에게 악비를 참
소하는 글을 올려 마침내 그의 북벌은 도중하차되고 말았다. 이에 남송은
고종(高宗)으로부터 효종(孝宗)·광종(光宗)에 이르기까지 총 9대, 152
년 동안 존속하였다.

본문에서 "혼전을 하였다"는 이야기는 북송과 남송이 중원(中原)을 중심
으로 금(金) 등과 혼전을 벌였음을 말한 것이다.

나오자 이에 반대하다가 진회(秦檜)에게 참소를 당해 옥중에서 살해당함. 효종(孝宗)
때 악왕(鄂王)에 봉하고 시호(諡號)를 무목(武穆)이라 하였다가 뒤에 충무(忠武)로 고
쳤음.

65

遼 與 金 ， 皆 稱 帝 ，
元 滅 金 ， 絶 宋 世 ．

해석

요(遼)와 금(金)이 나라를 세우고 모두 황제라 칭하였는데, 원(元)이 금(金)도 멸망시키고 송(宋)도 멸망시켰다.

한자풀이

遼…멀 료   與…더불 여   金…쇠 금, 나라 금
皆…다 개   稱…칭할 칭   帝…임금 제
元…으뜸 원, 원나라 원   滅…멸할 멸
絶…끊을 절   宋…송나라 송   世…인간 세

간체자와 중국음

辽(liáo)   与(yǔ)   金(jīn),   皆(jiē)   称(chēng) 帝(dì),
元(yuán)   灭(miè)   金(jīn),   绝(jué)   宋(sòng)   世(shì).

遼(료)	요나라. 거란족(契丹族)이 중국 북방인 내몽고 외몽고 및 만주의 땅에 세운 나라.
與(여)	~와, 그리고.
金(금)	금나라. 여진족(女眞族)이 중국 북방, 즉 만주 동북쪽에 세운 나라.
皆(개)	모두, 다.
稱(칭)	~라 부르다.
帝(제)	황제(皇帝).
元(원)	원나라. 몽고족(蒙古族)이 건립한 통일 왕조.
滅(멸)	멸망시키다.
絶(절)	끊다, 멸망시키다.
宋世(송세)	송나라. 여기서는 남송(南宋)을 말함.

🔲 해설

앞에서 송말(宋末)에 와서 나라가 혼란스러웠다고 했는데, 이는 그 당시 북방의 요(遼)와 금(金) 같은 소수 민족들이 요나라와 금나라를 세운 후에 이들이 멸망하기까지 복잡한 전쟁을 겪어야 했기 때문이었다.

요(遼)는 916년부터 1125년까지 존속하였던 왕조로, 요(遼)의 태조(太祖) 야율아보기(耶律阿保機)는 10년 동안의 전쟁을 통해 거란(契丹)의 각 부(部)를 통일한 후 916년에 거란국(契丹國)을 세웠다가 그 뒤 947년에 요(遼)라고 개칭하였다. 뒤에 금(金)나라에 의해 멸망당하였다.

금(金) 태조(太祖)는 1115년에 여진족의 각 부(部)를 통일한 후 국호를 금(金)이라 하고, 지금의 흑룡강(黑龍江) 부근인 회녕부(會寧府)에 도읍을 정했다. 1120년 금은 북송(北宋)과 연합하여 요(遼)를 멸망시키고, 1127년에는 개봉(開封)으로 쳐들어가 북송(北宋)을 멸망시킴으로써, 금(金)은 남송(南宋)과 남북으로 대치하게 되었다. 성길사한(成吉思汗)이 몽고국을 세운 후에 금나라를 침입하기 시작하였다. 이에 금은 1234년에 남송과 연합한 몽고에 의해 멸망되고 말았다. 이로써 금은 총 10대, 120년 동안 존속해 오다가 끝나고 말았던 것이다.

원(元)은 몽고족인 대한(大汗) 홀필렬(忽必烈)이 건립한 왕조로, 도읍은 연경(燕京)에다 두었다. 원말(元末)에 계급과 민족간의 첨예한 갈등을 겪던 중에 농민봉기가 일어나게 되었다 기의군(起義軍)의 우두머리였던 주원장(朱元璋)은 명(明)을 세운 후 군대를 일으켜 원(元)을 공격, 1368년에 승리를 거둠으로써 원(元)은 11대, 98년간 동안 유지되어 오다가 끝내 명(明)에게 멸망당하고 말았다.

66

輿 圖 廣 ， 超 前 代 ，
九 十 年 ， 國 祚 廢 ．

해석

원(元)의 국토는 너무 넓어서 이전의 왕조를 훨씬 능가하였지만, 90년이
지나서 나라는 망하였다.

한자풀이

輿…수레 여, 땅 여   圖…그림 도   廣…넓을 광   超…넘을 초
前…앞 전   代…대신할 대   九…아홉 구   十…열 십
年…해 년   國…나라 구   祚…복 조   廢…폐할 폐

간체자와 중국음

輿(yú)   图(tú)   广(guǎng),   超(chāo)   前(qián)   代(dài),
九(jiǔ)   十(shí)   年(nián),   国(guó)   祚(zuò)   废(fèi).

興圖(여도)	지도(地圖), 토지(土地).
廣(광)	넓다.
超(초)	초월하다.
前代(전대)	이전의 왕조.
國祚(국조)	국운(國運). "祚(조)"를 "왕위(王位)"나 "제위(帝位)"로 봐도 좋음.
廢(폐)	망하다, 멸망하다.

■ 해설

원(元)의 개국 황제는 성길사한(成吉思汗) 즉 칭기즈칸으로, 뒤에 추존(追尊)되어 원(元) 태조(太祖)가 되었다. 칭기즈칸은 즉위 후 대규모의 군사 작전을 펼쳤다. 그와 그의 자손들은 세 번이나 서쪽 정벌에 나서는 등 국토 확장에 크게 힘썼다. 그 결과 원대(元代) 때는 이전의 그 어느 왕조보다 국토가 훨씬 넓었다. 원(元)은 태조(太祖)가 즉위한 1206년부터 시작하여 명(明)나라에 의해 멸망당하기까지 총 10대, 162년 동안 유지되었다. 본문 중의 "90년"은 남송이 멸망한 1279년을 기점으로 계산한 것이다.

67

太祖興，國大明，
號洪武，都金陵．

해석

명(明) 태조(太祖)가 흥기하여 나라 "대명(大明)"을 세우고, 연호(年號)를 홍무(洪武)라 한 후 금릉(金陵)에 도읍(都邑)을 정하였다.

한자풀이

太…클 태	祖…할아버지 조	興…흥할 흥	國…나라 국
大…큰 대	明…밝을 명	號…부를 호	洪…넓을 홍
武…호반 무	都…도읍 도	金…쇠 금	陵…언덕 릉

간체자와 중국음

太(tài)	祖(zǔ)	兴(xīng),	国(guó)	大(dà)	明(míng),
号(hào)	洪(hóng)	武(wǔ),	都(dū)	金(jīn)	陵(líng).

太祖(태조)	명(明)나라 태조, 즉 주원장(朱元璋)을 말함.
興(흥)	흥기함. 흥병(興兵)함.
大明(대명)	명(明)나라가 스스로 자기 나라를 높여서 부른 이름.
號(호)	연호(年號).
洪武(홍무)	주원장(朱元璋)이 명(明)을 건립한 후 붙인 연호(年號).
都(도)	수도(首都), ~에 도읍을 두다.
金陵(금릉)	지명(地名).

■ 해설

본문은 명(明) 태조(太祖) 주원장(朱元璋)이 명(明)을 건립한 역사에 대한 이야기이다. 주원장은 자(字)가 국서(國瑞)이다. 그는 1351년에 원말(元末) 농민 기의군(起義軍) 곽자흥(郭子興)을 도와 활약하다가 뒤에 기의군의 총수가 되었다. 그는 "북적(北狄)을 몰아내고, 중화(中華)를 회복하며, 진(陳)의 기강을 세우고 백성들을 구제한다."는 구호를 외침에 따라 원(元)에 의해 압박당하고 있던 수많은 백성들의 지지를 얻었다. 1368년 그는 마침내 지금의 남경(南京)인 응천(應天)에서 황제(皇帝)라 칭하고, 국호(國號)를 대명(大明)이라 함으로써 명(明)이 건국된 것이다. 주원장은 연호(年號)를 홍무(洪武)라 하였는데, 이 연호는 한(漢) 무제(武帝) 이전에는 아무도 이와 같은 연호를 쓴 제왕이 없었다. 그들은 연호를 갑자(甲子)로 썼다. 한(漢) 무제(武帝)가 처음으로 이런 연호를 쓰게 됨으로써 이 이후로부터 역대 제왕들이 이와 같은 연호를 쓰게 되었다. 연호는 보통 두 글자로 하며, 대부분 길상(吉祥)의 뜻을 가진 좋은 글자들로 하였다. 대부분의 제왕들은 재위 기간 중에 한 개 이상의 연호를 썼는데, 연호를 바꾼 것은 개원(改元)이라 한다.

68

迨 成 祖 ， 遷 燕 京 ，
十 六 世 ， 至 崇 禎 ．

해석

성조(成祖) 때에 와서 도읍을 연경(燕京)으로 옮겼고, 16대를 거쳐 숭정
(崇禎)에 이르렀다.

한자풀이

迨…미칠 태　　　成…이룰 성　　　祖…할아버지 조　　遷…옮길 천
燕…제비 연, 연나라 연　　　　　　京…서울 경　　　十…열 십
六…여섯 륙　　　世…인간 세　　　至…이를 지　　　崇…높을 숭
禎…상서 정

간체자와 중국음

迨(dài)　　成(chéng)　祖(zǔ),　　迁(qiān)　燕(yàn)　　京(jīng),
十(shí)　　六(liù)　　世(shì),　　至(zhì)　　崇(chóng)　禎(zhēn).

迨(태)   ~에 도착하다. ~에 이르다.
成祖(성조)   명(明)의 제3대 황제.
遷(천)   천도(遷都)하다.
燕京(연경)   지명(地名). 지금의 북경(北京).
至(지)   ~에 이르다.
崇禎(숭정)   명(明) 사종(思宗)의 연호(年號).

해설

명(明) 성조(成祖)는 원래 금릉(金陵)에 있던 국도(國都)를 지금의 북경(北京)인 연경(燕京)으로 옮겨왔다. 명(明)의 제3대(代) 황제인 성조(成祖)의 원래 이름은 주체(朱棣)로 주원장(朱元璋)의 넷째 아들이다. 그는 주원장이 살아 있을 때 연왕(燕王)으로 봉해져 북경에 있다가 주원장이 죽고 나자 군사를 일으켜 남경(南京)을 공격해서 황제 자리를 빼앗고 1422년에 국도를 북경으로 옮긴 것이다.

명말(明末)에 정치는 날로 부패하고 국민들의 생활은 더욱 어려워짐에 따라 대규모의 농민들이 기의(起義)를 일으켰는데, 그 중에 이자성(李自成)이 가장 두드러졌다. 이자성의 원래 이름은 홍기(鴻基)로, 섬서(陝西) 미지(米脂) 사람이다. 처음에는 틈왕(闖王) 고영상(高迎祥) 수하의 한 맹장(猛將)이었는데 고영상이 전사(戰死)를 당하자 그가 그의 위치에 오르게 된 것이다. 백만을 넘는 그의 부대는 곧 의군(義軍)의 주력군이 되었다. 1643년 이자성은 서안(西安)을 점령하였고, 그 이듬해에 대순정권(大順政權)을 만들고, 또 얼마 지나지 않아 북경을 점령함으로써 명은 멸망하고 말았다. 마지막의 숭정(崇禎) 황제는 어떻게 할 도리가 없어 지금의 북경(北京) 경산공원(景山公園)에서 스스로 자살을 하고 말았다. 이로써 명 왕조는 총 16대, 276년의 역사를 마무리 짓게 된 것이다.

69

清世祖, 據神京,
靖四方, 克大定.

해석

청(淸)나라 제3대였던 세조(世祖) 순치제(順治帝)는 북경(北京)을 점령하고, 주변 사방에 있는 나라들을 평정하여 크게 안정을 이루었다.

한자풀이

清…맑을 청　　世…인간 세　　祖…할아버지 조　　據…의거할 거
神…귀신 신　　京…서울 경　　靖…편안할 정　　四…넉 사
方…모 방　　克…이길 극　　大…큰 대　　定…정할 정

간체자와 중국음

清(qīng)　世(shì)　祖(zǔ),　据(jù)　神(shén)　京(jīng),
靖(jìng)　四(sì)　方(fāng),　克(kè)　大(dà)　定(dìng).

清(청)　　　　청대(淸代).
世祖(세조)　　청대의 순치제(順治帝). 1638년부터 1661년까지 재위함.
據(거)　　　　점거하다. 차지하다.
神京(신경)　　황제의 도읍지인 국도(國都). 여기서는 북경(北京)을 가리킴.
靖(정)　　　　평정시키다.
四方(사방)　　주위. 즉 주변의 나라들을 일컬음.
克(극)　　　　능히 ~할 수 있다. 충분히 ~할 수 있다.
大定(대정)　　크게 안정시키다.

해설

순치제(順治帝)는 청나라의 제3대 황제로 휘는 복림(福臨)이요, 묘호는
세조(世祖)이다. 그의 아버지인 태종(太宗) 혼타이지는 후금(後金)을 세
운 부친 누루하치의 뒤를 이어 1636년 국호를 청(淸)이라고 개명하였다.
그가 죽고 난 후 제3대 순치제는 다섯 살 나이로 황제에 즉위하였다. 그는
1644년 이자성(李自成)의 난으로 명나라가 멸망하자, 명의 장군 오삼계
(吳三桂)의 도움을 받아 북경으로 입성, 각지의 반란을 평정하여 중국에
다시 이민족의 왕조를 구축하였던 것이다. 그의 시호는 체천융운정통건극영
예흠문현무대덕홍공지인순효장황제(體天隆運定統建極英睿欽文顯武大德
弘功至仁純孝章皇帝)이며, 연호는 순치(順治), 법명은 행치(行痴)이다.

::70

古 今 史 ， 全 在 茲 ，
載 治 亂 ， 知 興 衰 ．

해석

고금(古今)의 역사가 모두 여기에 있고, 태평과 난세의 내용이 실려 있어
흥망 성쇠를 알 수가 있다.

한자풀이

古…옛 고   今…이제 금   史…역사 사   全…온전할 전
在…있을 재   茲…이 자   載…실을 재, 해 재
治…다스릴 치   亂…어지러울 란   知…알 지   興…흥할 흥
衰…쇠할 쇠

간체자와 중국음

古(gǔ)   今(jīn)   史(shǐ),   全(quán)   在(zài)   茲(zī),
載(zǎi)   治(zhì)   乱(luàn),   知(zhī)   兴(xīng)   衰(shuāi).

古今(고금)   옛날과 지금.
史(사)   역사.
全(전)   모두, 다.
在(재)   ~에 있다.
玆(자)   여기, 이 책. 즉 ≪삼자경(三字經)≫을 가리킴.
載(재)   실려 있다. 수록되어 있다.
治亂(치란)   잘 다스려짐과 혼란스러움. 즉 태평스런 시대와 난세의 시대.
知(지)   알다.
興衰(흥쇠)   흥함과 망함. 흥망성쇠.

해설

≪삼자경(三字經)≫이란 이 조그마한 책 안에는 상고(上古) 시대 복희씨(伏羲氏) 등으로부터 명(明)·청(淸)에 이르기까지 오천 년에 가까운 중국의 모든 역사가 총 망라되어 있다는 말이다. 그래서 이 책을 보면 역대 군왕들의 치적과 생활상 등은 물론이고 각 나라의 태평과 난세의 원인, 그 흥망성쇠의 정황 등이 잘 나타나 있어 우리가 폭넓은 지식과 교훈을 얻을 수가 있다.

讀 史 者 ， 考 實 錄 ，
通 古 今 ， 若 親 目 ．

해석

역사책을 읽는 사람은 실록(實錄)을 잘 살펴봐야 하는데, 고금(古今)의
역사를 통달하고 나면 마치 직접 눈으로 보는 것과 같다.

한자풀이

讀…읽을 독   史…역사 사   者…놈 자   考…상고할 고
實…열매 실   錄…기록할 록   通…통할 통   古…옛 고
今…이제 금   若…같을 약, 만약 약   親…친할 친
目…눈 목

간체자와 중국음

读(dú)   史(shǐ)   者(zhě),   考(kǎo)   实(shí)   录(lù),
通(tōng)   古(gǔ)   今(jīn),   若(ruò)   亲(qīn)   目(mù).

讀史(독사)   역사책을 읽다.
者(자)   ~하는 사람.
考(고)   고찰(考察)·고구(考究)하다.
實錄(실록)   허구가 없이 실제 사실에 근거한 기록. 또는 한 임금의 재
               위 연간의 사실을 적은 사체(史體)를 실록이라고도 함.
通(통)   통달하다.
古今(고금)   이전과 지금. 여기서는 옛날부터 지금까지 내려오는 역사
               (歷史) 사적(事迹)을 말함.
若(약)   마치 ~과 같다.
親(친)   친히, 직접.
目(목)   눈으로 보다. 여기서는 동사로 쓰임.

■ 해설

본문은 역사 서적을 읽는 사람은 누구나 우선 역대 군신(君臣)들의 전기
류(傳記類)의 자료 기록을 세심하게 연구를 해야 한다는 것을 밝히고 있
다. 만약에 고금 이래의 역사의 흐름과 그 사적(事迹)들을 통달하게 되면
마치 자기의 두 눈으로 직접 보는 것과 같이 그 의의를 분명하게 이해할 수
가 있고, 또 그 장단점을 정확하게 분별할 수가 있게 된다고 밝힌 것이다.
중국에는 역사를 기록한 책들이 많다. 그 중 청대(淸代)까지의 역사를 기
록한 책들을 보면 삼황(三皇)·오제(五帝)·진조(秦朝)로부터 한(漢)
무제(武帝)에 이르기까지를 다룬 한대(漢代) 사마천(司馬遷)이 지은 ≪
사기(史記)≫를 비롯하여 총 22부(部)가 있는데, 이들을 살펴보면 다음과
같다. 한대(漢代) 반고(班固)가 지은 ≪전한서(前漢書)≫, 송대(宋代)
범엽(范曄) 등이 지은 ≪후한서(後漢書)≫, 진대(晋代) 진수(陳壽)가
지은 ≪삼국지(三國志)≫, 당대(唐代) 방현령(房玄齡)이 지은 ≪진서
(晋書)≫, 양대(梁代) 심약(沈約)이 지은 ≪송서(宋書)≫, 양대(梁
代) 소자현(蕭子顯)이 지은 ≪제서(齊書)≫, 당대(唐代) 요사염(姚思
廉)이 지은 ≪양서(梁書)≫와 ≪진서(陳書)≫, 북제(北齊)의 위수(魏

收)가 지은 ≪북위서(北魏書)≫, 당대(唐代)의 이백약(李百藥)이 지은 ≪북제서(北齊書)≫, 당대(唐代) 영호덕분(令狐德棻)이 지은 ≪북주서(北周書)≫, 당대(唐代) 위징(魏徵)이 지은 ≪수서(隋書)≫, 당대(唐代) 이연수(李延壽)가 지은 송(宋)·제(齊)·양(梁)·진(陳)의 ≪남사(南史)≫와 위(魏)·제(齊)·주(周)·수(隋)의 ≪북사(北史)≫, 송대(宋代) 구양수(歐陽修) 등이 지은 ≪당서(唐書)≫와 ≪오대사(五代史)≫ 등을 비롯하여 ≪송사(宋史)≫·≪요사(遼史)≫·≪금사(金史)≫·≪원사(元史)≫·≪명사(明史)≫ 등이 있다.

72

口 而 誦 , 心 而 惟 ,
朝 于 斯 , 夕 于 斯 .

해석

입으로는 읽으면서 마음으로는 생각을 해야 하는데, 아침에도 이렇게 하고
저녁에도 이렇게 해야 한다

한자풀이

口…입 구　　　　而…말이을 이　　誦…읽을 송, 욀 송
心…마음 심　　　惟…생각할 유　　朝…아침 조
于…어조사 우　　斯…이 사　　　　夕…저녁 석

간체자와 중국음

口(kǒu)　而(ér)　　诵(sòng),　心(xīn)　　而(ér)　　惟(wéi),
朝(zhāo)　于(yú)　　斯(sī),　　夕(xī)　　于(yú)　　斯(sī).

주석

而(이)	말을 이어주는 접속사.
誦(송)	읽다, 외우다.
惟(유)	생각하다.
于(우)	어조사로 아무런 뜻 없이 쓰임.
斯(사)	이와 같이, 이렇게.

해설

본문은 앞에서 언급한 경서(經書)나 역사서(歷史書) 등을 읽으면서 공부를 할 때, 입이나 눈으로만 해서는 안 되고 반드시 입과 마음을 같이하여 글을 읽으면서 그 내용의 이치를 잘 생각해야 된다는 것을 강조한 것이다. 설령 그렇게 했다 하더라도 일시적으로 한 두 번에 그쳐서는 안 되고, 아침에 배운 것은 저녁에 반드시 복습해야 한다는 학습 방법을 덧붙여 말하고 있다.

≪제자규(弟子規)≫에서도 "글을 읽는 방법으로 세 가지가 있는데, 마음과 눈과 입을 반드시 다 사용해야 한다.(弟子規, 聖人訓, 首孝弟, 次謹信.)"고 강조하였다. 이는 송대 주희(朱熹)의 경험을 정리한 것이다. 주희는 "3도(三到)"를 강조하였는데, 심도(心到)·안도(眼到)·구도(口到)가 곧 이것이다. 마음이 없으면 눈으로 자세하게 볼 수가 없고, 마음과 눈으로 집중하여 전념하지 않으면 아무리 입으로 낭독을 하면서 읽어도 기억을 할 수 없으며, 설령 암기를 했다고 할지라도 그것이 얼마가지 못한다고 주희는 말한다.

73

昔 仲 尼 ， 師 項 槖 ，
古 聖 賢 ， 尙 勤 學 ．

해석

옛날에 중니(仲尼)―공자―는 항탁(項槖)을 스승으로 삼았고, 옛날 성현
들은 오히려 더 부지런히 공부하였다.

한자풀이

昔…옛 석　　　　仲…버금 중　　　尼…중 니　　　師…스승 사
項…조목 항　　　槖…자루 탁　　　古…옛 고　　　聖…성인 성
賢…어질 현　　　尙…오히려 상　　勤…부지런할 근　學…배울 학

간체자와 중국음

昔(xī)　　仲(zhòng)　尼(ní)，　　師(shī)　　項(xiàng)　槖(tuó)，
古(gǔ)　　圣(shèng)　贤(xián)，　尚(shàng)　勤(qín)　　学(xué)．

昔(석)　　　　옛날에.
仲尼(중니)　　공자(孔子).
師(사)　　　　스승으로 삼다. 여기서는 동사로 쓰임.
項橐(항탁)　　인명. 춘추시대(春秋時代) 노국(魯國) 사람.
古(고)　　　　옛날의.
聖賢(성현)　　성인과 현인.
勤學(근학)　　부지런히 공부하다.

■ 해설

본문은 공자(孔子)의 면학 정신과 성현들의 학습 태도에 대한 언급이다. 춘추시대(春秋時代) 노국(魯國) 사람이었던 공자는 성은 공(孔)이요, 이름은 구(丘)이며, 중니(仲尼)는 그의 자(字)이다. 그는 춘추 말기의 사상가요 정치가요 교육가였다. 특히 그는 유가(儒家)의 창시인으로, 한대(漢代)부터는 그의 학설이 중국 이천여 년 문화의 정통이 되어 왔고, 이에 따라 그는 줄곧 "성인(聖人)"으로 추앙을 받아 왔다. 그러나 그가 이토록 깊은 학문을 이룰 수 있었던 것은 그의 천부적인 능력과도 무관할 수는 없겠지만, 무엇보다 중요한 것은 자기보다 못한 사람 중에서도 무엇인가 배울 것이 있다는 생각으로 열심히 공부를 했다는 것이다. 그래서 그는 "부지런히 공부하는 것을 좋아하고, 아랫사람에게 물어 보는 것도 부끄러워하지 않는다.(敏而好學, 不恥下問)"고 하였는데, 그의 이런 학습 철학은 "세 사람이 같이 길을 갈 때 그 중에는 반드시 나에게 스승이 될 만한 사람이 있다.(三人行, 必有我師)"고 한 말에도 잘 나타난다.

항탁(項橐)은 춘추시대(春秋時代) 노국(魯國) 사람으로, 당시에 아주 이름난 신동(神童)이었는데, 일곱 살 때 공자의 스승이 되었다고 한다. 이런 기록은 ≪전국책(戰國策)≫에 보이나, 어떻게 공자의 스승이 되었는지에 대해서는 상세하지 않다. ≪수당연의(隋唐演義)≫에 보면 공자와 항탁에 대한 재미나는 이야기가 나오는데, 그 줄거리는 이러하다. 공자가 만년에 유랑을 하다가 길에서 다른 아이와 놀고 있는 항탁을 만났는데, 어쩌다가 서로 알아 맞추기 시합을 하게 되었다. 먼저 공자가 항탁에게 천문지리 (天文地理)·자연만상(自然萬象)·인생윤리(人生倫理) 등등을 포함한 마흔 문항의 문제를 내었는데 항탁은 청산유수(靑山流水)와도 같이 대답을 훌륭하게 해 내었다. 그 뒤에 항탁이 공자에게 세 문항의 문제를 내었는데 공자는 이에 대답을 하지 못하였다. 이에 공자는 "뒤에 태어나는 자가 정말 무섭구나.(後生實可畏也.)"라고 하고는 그에게 절하며 스승으로 모셨다고 한다. 그러나 그는 열 한 살에 죽고 말았다.

공자가 열심히 공부했다는 사실을 말해 주는 또 하나의 이야기가 있으니 "위편삼절(韋編三絶)"이 바로 이것이다. 이는 공자가 만년에 주역(周易)을 좋아하여 계속 읽다가 소가죽으로 만든 죽간(竹簡) 줄이 세 번이나 끊어졌다는 데서 생긴 성어이다.

74

趙 中 令 ， 讀 魯 論 ，
彼 既 仕 ， 學 且 勤 .

◼ 해석

조(趙) 중서령(中書令)은 ≪논어(論語)≫를 읽었는데, 그는 이미 벼슬을 하면서도 배우기를 또한 열심히 하였다.

◼ 한자풀이

趙…조나라 조   中…가운데 중   令…명령 령   讀…읽을 독
魯…노나라 노   論…말할 론   彼…저 피   既…이미 기
仕…벼슬할 사   學…배울 학   且…또 차
勤…부지런할 근

◼ 간체자와 중국음

赵(zhào)   中(zhōng)   令(lǐng),   读(dú)   鲁(lǔ)   论(lùn),
彼(bǐ)   既(jì)   仕(shì),   学(xué)   且(qiě)   勤(qín).

○ 주석

趙(조)	조보(趙普)를 가리킴.
中令(중령)	관직명. 중서령(中書令).
讀(독)	읽다, 공부하다.
魯論(노론)	논어(論語)를 말함. 서한(西漢) 때에는 ≪고론(古論)≫·≪제론(齊論)≫·≪노론(魯論)≫ 세 종류의 ≪논어(論語)≫가 있었는데, 앞의 두 종류는 이미 전해지지 않고 지금 전해지고 있는≪논어≫는 바로 이 ≪魯論≫ 계통임.
彼(피)	대명사로 쓰임. 그 사람.
旣(기)	이미.
仕(사)	벼슬을 하다. 관직에 있다.
且(차)	또한.
勤(근)	부지런히 하다. 열심히 하다.

■ 해설

북송(北宋) 때의 정치가였던 조보(趙普)는 922년부터 992년까지 살았던 인물로, 자는 칙평(則平)이며 유주계(幽州薊)─지금의 천진(天津)─사람이다. 그는 송(宋) 태조(太祖) 조광윤(趙匡胤)을 도와 진교병변(陳橋兵變)을 일으키고 중국을 통일시키는데 중요한 역할을 하였던 인물 중의 한 사람이다. 그는 재상(宰相)의 지위와 비슷한 중서령(中書令)이란 관직에 있을 때 낮에는 조정에서 정무(政務)로 열성을 다하고 밤에는 ≪논어(論語)≫를 공부했다고 한다. 이런 이야기가 전해진다. 하루는 송 태조 조광윤이 한밤중에 급한 일로 그를 찾아갔는데 그때까지 조보는 책을 보고 있었다. 태조가 "이것은 아이들이나 읽는 책인데 아직까지도 이걸 읽고 있는가?"라고 묻자, 그는 대답하기를 "집안을 잘 다스리고 나라를 잘 다스리며 천하를 태평하게 하려고 하면, 그 방법은 다 이 책 속에 들어 있다.(若要齊家治國平天下, 盡在其中矣)"라고 말했다 한다. 뒤에 송(宋) 태종(太宗)이 제위(帝位)를 계승하고 난 뒤에도 조보는 두 차례나 재상을 지냈는데, 그는 옛날에도 그랬듯이 이 때도 항상 책을 놓지 않고 열심히 공부를 하였다고 한다.

75

披蒲編, 削竹簡,
彼無書, 且知勉.

해석

창포(菖蒲)를 펴서 책을 만들고 대나무를 쪼개서 책을 만들기도 하였는데, 그들은 책이 없었지만 또한 부지런히 공부할 줄을 알았다.

한자풀이

披…열 피　　　蒲…창포 포　　　編…엮을 편　　　削…깎을 삭
竹…대 죽　　　簡…대쪽 간, 편지 간　　　　　　彼…저 피
無…없을 무　　　書…글 서　　　且…또 차　　　知…알 지
勉…힘쓸 면

간체자와 중국음

披(pī)　　蒲(pú)　　编(biān),　　削(xiāo)　　竹(zhú)　　简(jiǎn),
彼(bǐ)　　无(wú)　　书(shū),　　且(qiě)　　知(zhī)　　勉(miǎn).

披(피)　　　열다. 펴다.
蒲(포)　　　풀. 또는 창포(菖蒲).
編(편)　　　짜다.
削(삭)　　　깎다.
竹簡(죽간)　글씨를 쓰기 위해 대나무를 얇게 쪼개서 만든 것. 용도는 책.
彼(피)　　　그들. 대명사로 쓰임.
無書(무서)　책이 없다.
且(차)　　　또한.
知勉(지면)　부지런히 공부하는 방법을 알다.

 해설

본문 내용은 한대(漢代)의 노온서(路溫舒)와 공손홍(公孫弘)이란 소년
이 어려운 중에서도 환경을 탓하지 않고 공부할 수 있는 방법을 찾아 열심
히 노력하였다는 이야기를 소개한 것이다.

한대(漢代) 이전에는 종이가 없었기 때문에 베를 사용하여 책을 만들었다.
그러나 이런 재료로 만든 책은 무척 비쌌을 뿐만 아니라 쉽게 구할 수도
없어서 일반 서민이나 가난한 사람들은 책을 소유하기가 무척 어려웠다. 그
래서 주로 책을 빌려 온 후 내용을 베껴 쓰는 식으로 하여 공부를 하였는
데 이것도 베가 없으면 베낄 수도 없었다. 그렇지만 본문에서 소개한 노온
서와 공손홍은 이런 어려운 여건 하에서도 환경에 지배되기보다는 지혜를
발휘하여 공부할 수 있는 방법을 찾았고, 그 방법을 통해 열심히 노력하였
던 결과 훌륭한 사람이 될 수 있었던 것이다.

노온서는 어렸을 때 집안이 무척 가난하여 책을 살 돈도 없었을 뿐만 아니
라 베껴 쓸 베 조각도 없었다. 그러나 그는 공부가 하고 싶어서 고민을 하
던 중에 소를 방목하는 연못가에서 창포(菖蒲)를 발견하고 그것으로 돗자
리를 만들어 글씨를 쓰면 되겠다는 지혜를 얻었다. 그는 당장 자리를 만들
어 빌려 온 ≪상서(尙書)≫의 내용을 하나 하나 베껴 쓴 다음, 그것으로
열심히 공부를 하였다. 뒤에 그는 깊은 학문의 소지자가 되었을 뿐만 아니

라, 태수(太守)라는 높은 자리에까지 오를 수가 있었던 것이다.

또 공손홍 역시 어려서 집안이 가난하여 책을 살 돈이 없자, 그는 대나무를 얇게 쪼갠 후 이를 엮어서 책을 만들고, 여기에 ≪춘추(春秋)≫를 베껴 쓰는 식으로 공부를 하였다. 공손홍은 뒤에 승상(丞相)의 지위에까지 올랐다. 이들의 인생 역정은 고금을 막론하고 어려운 환경 중에서도 열심히 살아가려는 사람들에게 큰 힘이 되어 주었다.

頭 懸 梁 , 錐 刺 股 ,
彼 不 敎 , 自 勤 苦 .

■ 해석

두발(頭髮)을 들보에 묶어 놓기도 하고, 송곳으로 다리를 찌르기도 하면서,
그들은 가르침을 받지 않고 스스로 고생을 하며 열심히 공부를 하였다.

■ 한자풀이

頭…머리 두　　懸…매달 현　　梁…들보 량　　錐…송곳 추
刺…찌를 자　　股…다리 고　　彼…저 피　　不…아니 불
敎…가르칠 교　　自…스스로 자　　勤…부지런할 근　　苦…쓸 고

■ 간체자와 중국음

头(tóu)　　悬(xuán)　　梁(liáng),　　锥(zhuī)　　刺(cì)　　股(gǔ),
彼(bǐ)　　不(bù)　　教(jiào),　　自(zì)　　勤(qín)　　苦(kǔ).

頭(두)　　　머리. 여기서는 머리카락 즉 두발(頭髮)을 가리킴.

懸梁(현량)　들보에다 묶다. 매달다.

錐(추)　　　송곳.

刺股(자고)　다리를 찌르다.

彼(피)　　　그들. 대명사로 쓰임.

不敎(불교)　가르침이 없다. 선생님께 배우지 않다.

自(자)　　　자기 스스로.

勤苦(근고)　고생을 참고 열심히 노력하다.

■ 해설

본문은 피곤함과 졸음 때문에 공부를 할 수 없는 상황인데도 이런 방해 요소를 슬기롭게 해결할 수 있었던 두 사람의 실례를 들어 후학들에게 교훈을 주는 내용이다.

들보에 두발(頭髮)을 묶어서 졸음을 쫓았다는 이야기의 주인공은 한대(漢代)의 손경(孫敬)이다. ≪한서(漢書)≫의 기록을 보면 이야기는 이렇다. 그는 너무나 책읽기를 좋아하여 늘 집에서 공부만 하였는데, 밤 새워 공부를 하다가 때로는 너무 피곤한 나머지 자기도 모르게 꾸벅꾸벅 조는 경우가 있었다. 손경은 어떻게 하면 졸음을 쫓을 수가 있을까 고민을 한 결과 자기의 두발(頭髮)을 들보에 묶어 두면 되겠다고 생각하였다. 그래서 자기도 모르게 졸게되면 끈에 묶인 머리카락이 당겨짐으로써 잠에서 깨어날 수가 있었고, 훗날 경상(卿相)이란 벼슬자리까지 올랐다고 한다.

송곳으로 다리를 찌르며 공부를 하였다는 이야기 주인공은 전국시대(戰國時代) 때 유명했던 종횡가(縱橫家)26) 소진(蘇秦)이다. 소진은 집안이 가난하여 형을 도와 농사를 지으며 공부를 하였다. 그는 책을 사기 위해 두발(頭髮)을 잘라 팔기도 하였고, 어쩌다가 좋은 문장을 발견하면 손바닥이

---

26) 종횡가(縱橫家) : 구가(九家)의 하나. 전국시대(戰國時代) 때 합종(合縱) 또는 연횡(連橫)을 주장하며 제후(諸侯)한테 유세(遊說)하러 돌아다니던 모사(謀士). 소진(蘇秦)과 장의(張儀)가 종횡가로 유명함.

나 허벅지에 적어 두었다가 집에 돌아와 죽간(竹簡)에다 새겨두곤 하였다. 그는 벼슬자리를 얻기 위해 진왕(秦王)에게 수 차례 상서(上書)를 하였지만 그의 뜻을 이루지 못했다. 집에 돌아온 소진은 가족들로부터 냉대를 받았고, 이것에 자극 받아 그는 열심히 공부해서 반드시 성공을 하겠다고 결심하였다. 그래서 책을 읽다가 잠이 오면 송곳으로 자기의 허벅지를 찌르며 잠을 쫓았다고 한다. 그 결과 훗날 그는 경상(卿相)이 될 수가 있었던 것이다.

이들 두 사람은 스승으로부터 가르침을 받은 것도 아니고 부모로부터 어떤 강요를 받았던 것도 아니었다. 자기 스스로 각고의 노력을 기울인 결과 좋은 열매를 맺을 수가 있었던 것이다.

77

如 囊 螢 , 如 映 雪 ,
家 雖 貧 , 學 不 輟 .

해석

예컨대 주머니에 반딧불을 넣어서, 또 눈빛에 비추어서 공부를 했던 사람들은, 집안이 비록 가난했지만 배움을 그치지 않았다.

한자풀이

如…같을 여   囊…주머니 낭   螢…반딧불 형   映…비칠 영
雪…눈 설   家…집 가   雖…비록 수   貧…가난할 빈
學…배울 학   不…아니 불   輟…그칠 철

간체자와 중국음

如(rú)   囊(náng)   螢(yíng),   如(rú)   映(yìng)   雪(xuě),
家(jiā)   虽(suī)   贫(pín),   学(xué)   不(bù)   辍(chuò).

如(여)   ~와 같은. 예컨대.
囊螢(낭형)   주머니에 반딧불을 넣다.
映雪(영설)   쌓인 눈에서 반사되는 빛에 비추이다.
雖貧(수빈)   비록 가난하였지만.
學(학)   배움. 학문.
不輟(불철)   그치지 아니하다. 도중하차 아니하다.

■ 해설

본문은 밤에 불을 켤 수 없는 상황에서도 환경에 지지 않고 이를 극복한 두 사람의 지혜를 소개한 내용이다.

진(晋)나라 때 남평(南平) 지방에 차윤(車胤)이란 사람이 있었는데 집이 무척 가난하였다. 그래서 기름이 없어서 밤에 등불을 켤 수가 없었다. 그러나 밤에 공부를 하고 싶었던 차윤은 생각 끝에 반딧불을 잡아 망사로 된 주머니에 넣은 후 그 반딧불 불빛을 이용하여 공부를 하였다. 이렇게 환경을 극복한 그는 훗날 박학한 사람이 되어 이부상서(吏部尙書)라는 벼슬까지 하게 되었다고 한다. 이 이야기는 ≪진서(晋書)≫의 기록에 보인다.

또 진(晋)나라 사람 손강(孫康) 역시 집안이 가난해서 밤에 불을 켤 수가 없었다. 그는 추위도 무릅쓰고 눈 위에 앉아 눈에서 반사되는 빛을 이용하여 공부를 하였다고 한다. 손강에 대해서는 자세한 기록이 없어서 그의 생평을 분명하게 알 수는 없으나, ≪손세세록(孫世世錄)≫에 "손강은 집이 가난하여 늘 눈 빛을 이용하여 책을 읽었다.(孫康家貧, 常映雪讀書)"는 기록에 따라 후세 사람들은 이를 근학(勤學)의 전고(典故)로 많이 사용하게 되었다.

78

如 負 薪 , 如 掛 角 ,
身 雖 勞 , 猶 苦 卓 .

해석

예컨대 나뭇짐을 짊어지고, 또 소뿔 위에 책을 올려놓고 공부를 한 사람들은 몸은 비록 고단했지만 오히려 고생 속에서 탁월한 사람이 되었다.

한자풀이

如…같을 여 負…짐질 부 薪…땔나무 신 掛…걸 괘
角…뿔 각 身…몸 신 雖…비록 수 勞…수고로울 로
猶…오히려 유 苦…쓸 고 卓…높을 탁

간체자와 중국음

如(rú) 負(fù) 薪(xīn), 如(rú) 挂(guà) 角(jiǎo),
身(shēn) 虽(suī) 劳(láo), 犹(yóu) 苦(kǔ) 卓(zhuō).

如(여)   예컨대, ~와 같은.
負薪(부신)   땔나무를 짊어지다. 나뭇짐을 짊어지다.
掛角(괘각)   뿔 위에 걸다. 즉 책을 뿔 위에 놓고 공부함을 말함.
身(신)   몸.
雖勞(수로)   비록 몸이 수고로워도. 육체가 피곤한데도.
猶(유)   오히려, 그럼에도 불구하고.
苦卓(고탁)   고생한 후 탁월해지다.

해설

본문은 노동을 하면서도 시간을 아껴 공부한 두 사람의 예를 들어 공부에 대한 긴장을 풀지 않도록 강조한 내용이다.

한대(漢代) 오현(吳縣) 사람인 주매신(朱買臣)은 젊었을 때 집이 가난하여 땔나무를 팔아서 생계를 유지해 나갔는데, 그는 공부가 하고 싶어서 나무를 하다 쉬는 시간이면 책을 꺼내 공부를 하였고, 또 나뭇짐을 짊어지고 갈 때는 책을 지게 위에 달아 놓고 큰 소리로 외우면서 길을 갔다. 그러나 이런 가난은 그의 아내인 최씨(崔氏)를 가만있게 하지 않았다. 아내는 가난이 싫다며 주매신을 떠나 다른 사람에게 시집을 가겠다고 하였다. 주매신은 쉰 살이 될 때까지 십 년만 더 기다려 준다면 성공해서 고생을 면하게 해 주겠다고 하소연을 했지만 아내는 결국 떠나고 말았다. 훗날 그의 꿈은 이루어졌다. 즉 회계(會稽) 태수(太守)가 된 것이다. 그가 고향으로 돌아오자 최씨는 지난날을 후회하며 다시 돌아왔지만 주매신은 그녀를 받아 주지 않았다. 이에 최씨는 자살을 하고 말았다. 주매신은 그녀의 묘 앞에 "부끄러운 묘지"라는 뜻의 "수묘(羞墓)" 두 글자를 비석에 새겨 주었다고 한다.

소뿔 위에 책을 올려놓고 공부한 이야기의 주인공은 이밀(李密)이다. 이밀은 582년부터 619년까지 살았던 수대(隋代) 장안(長安) 사람으로 그의 자는 법주(法主)이다. 그 역시 가난하였다. 그는 생계를 유지하기 위해 남의 집 목동(牧童)이 되었는데, 목동 일을 하면서도 소 뿔 위에 ≪한서(漢

書)≫를 올려놓고 공부를 하였다. 뒤에 조(趙)나라 양소(楊素)가 이 이야기를 듣고 그의 면학 정신에 감동을 받아 그에게 학습할 수 있는 여건을 만들어 주었다. 그는 열심히 공부하였던 결과 마침내 포산공(蒲山公)에 봉해졌다.

79

蘇 老 泉 , 二 十 七 ,
始 發 憤 , 讀 書 籍 .

해석

소노천(蘇老泉)은 스물 일곱에, 비로소 분발하여 책을 읽었다.

한자풀이

蘇…깨어날 소   老…늙을 로   泉…샘 천   二…두 이
十…열 십   七…일곱 칠   始…비로소 시   發…필 발
憤…분할 분   讀…읽을 독   書…책 서   籍…서적 적

간체자와 중국음

苏(sū)   老(lǎo)   泉(quán),   二(èr)   十(shí)   七(qī),
始(shǐ)   发(fā)   愤(fèn),   读(dú)   书(shū)   籍(jí).

蘇老泉(소노천)	인명. 소순(蘇洵)을 가리킴. 노천(老泉)은 그의 자(字).
始(시)	비로소, 그때가 되어서야.
發憤(발분)	마음을 굳게 먹고 힘을 냄.
讀(독)	읽다, 공부하다.
書籍(서적)	책. 서책(書冊), 전적(典籍).

■ 해설

본문은 소순(蘇洵)이 공부를 시작해야 할 시기를 놓쳤다가 성인이 된 후에야 독서의 중요성을 깨닫고 늦은 나이임에도 불구하고 열심히 공부를 하기 시작했다는 이야기이다.

소순(蘇洵)은 북송(北宋) 때의 문학가로 자는 명윤(明允)이요, 호는 노천(老泉)이다. 그는 늦게서야 학문에 입문하였지만 열심히 노력하였던 결과 중국 문학사에서 빼놓을 수 없는 인물이 될 수 있었다. 어려서 공부를 하지 않으면 후회가 많다는 교훈을 얻어서였든지 소순은 자식들 교육에 아주 큰 관심을 가졌다. 그의 영향 아래 자식들도 열심히 공부를 하여 훌륭한 문학가가 되었다. 소순에게는 소식(蘇軾)—소동파(蘇東坡)—과 소철(蘇轍) 두 아들이 있다. 이들 역시 아버지와 같이 산문 방면에 있어서 좋은 문장을 남겼던 관계로 중국 문학사에서는 이들 삼부자(三父子)를 "삼소(三蘇)"라고 부른다. 또 이들 삼부자는 당송(唐宋) 때 유명한 문필가를 꼽는 "당송팔대가(唐宋八大家)"에 속하기도 한다.

삼부자(三父子) 중 가장 출중한 재능을 가진 사람은 소식(蘇軾), 즉 소동파(蘇東坡)였다. 그는 다재다능(多才多能)한 문학가로 시(詩)나 사(詞), 산문(散文) 등에도 뛰어났을 뿐만 아니라, 서예나 회화(繪畫) 등 예술 방면에도 탁월한 능력을 발휘함으로써 당시 최고 수준의 영예를 누렸다. 특히 그는 행서(行書)와 해서(楷書)에 뛰어난 재능을 보여 당시의 서예가 채양(蔡襄)·황정견(黃庭堅)·미불(米芾) 등과 함께 "송사가(宋四家)"라고 불리기도 하였다.

80

彼 旣 老 ， 猶 悔 遲 ， 爾 小 生 ， 宜 早 思 .

해석

그는 이미 나이가 많아 늙었지만 오히려 늦은 것을 후회하였으니, 너희 후학들은 일찌감치 생각을 깊이 해야 옳으리라.

한자풀이

彼…저 피	旣…이미 기	老…늙을 로	猶…오히려 유
悔…뉘우칠 회	遲…늦을 지	爾…너 이	小…작을 소
生…날 생	宜…마땅 의	早…일찍 조	思…생각 사

간체자와 중국음

彼(bǐ)　　旣(jì)　　老(lǎo),　　犹(yóu)　　悔(huǐ)　　迟(chí),
尔(ěr)　　小(xiǎo)　　生(shēng), 宜(yí)　　早(zǎo)　　思(sī).

주석

彼(피)	그. 그 사람. 대명사로 쓰임. 여기서는 앞에서 말한 소노천(蘇老泉)을 가리킴.
旣(기)	이미.
老(노)	늙다.
猶(유)	오히려, 그럼에도 불구하고.
悔遲(회지)	늦은 것을 후회하다.
爾(이)	너, 너희들.
小生(소생)	후배, 후학들을 말함.
宜(의)	마땅히, 의당, ~해야 옳다.
早思(조사)	일찌감치 생각하다.

해설

본문 내용은 앞 페이지의 문장과 연결된다. 즉 소순(蘇洵)의 이야기가 그 배경이 된다. 그는 이미 나이가 스물 일곱 살이 되었지만, 늦었다고 포기하지 않고 오히려 늦은 것을 후회하면서 공부를 더 열심히 했던 결과 좋은 결과를 얻을 수 있었던 것이다. 이런 예를 후학들은 교훈으로 삼아 아직 늦기 전에 좀 일찍부터 배움에 힘쓰라는 내용이다.

젊어서 배움에 힘쓰라는 선인들의 가르침이 여러 형태로 우리에게 전해지고 있는데 그 중에 악부시(樂府詩) ≪장가행(長歌行)≫은 특히 우리에게 많은 것을 생각하게 해 준다. 이 작품 내용은 이러하다. "따뜻한 봄바람은 온 대지에 은택을 내려 만물을 생기롭게 하는데, 가을의 싸늘한 바람은 꽃과 나무들을 시들게 한다. 수많은 냇물들은 동으로 흐르며 바다로 가는데, 바다로 갔던 냇물 다시 돌아오는 것 보았던가? 젊었을 때 공부에 전념하지 않으면 늙어서 후회한들 무슨 소용 있겠는가?"[27] 시인은 대자연의 한 현상을 보면서 우리네 인생과 연관을 지어 생각한 것이다. 일년 중 가장 희망차고 좋은 계절이 봄인 것처럼 우리네 인생에서 가장 값진 시기는 바로 젊

---

27) 靑靑園中葵, 朝露待日晞. 陽春布德澤, 萬物生光輝. 常恐秋節至, 焜黃華葉衰. 百川東到海, 何時復西歸. 少壯不努力, 老大徒傷悲.

었을 때가 아니겠는가? 그러나 냇물이 바다로 흘러가서 다시 올 수 없는 것처럼 사람도 젊음을 헛되이 보내고 나면 다시 돌이킬 수 없기에 때 늦은 훗날 인생을 두고두고 후회하게 된다는 말이다.

동진(東晉) 때의 유명한 문학가 였던 도연명(陶淵明)도 젊음을 값지게 보낼 것을 강조한 바 있다. 그는 말하기를 "젊음은 다시 올 수가 없고 하루는 다시 새벽으로 돌아가기 어렵다. 배울 시기에 열심히 해야지 세월은 사람을 기다려 주지 않는다.(盛年不再來, 一日難再晨. 及時當勉勵, 歲月不待人.)"라고 하였다. 이와 같은 선인들의 교훈과 가르침은 후학들이 잘 명심해야 할 부분이다.

81

若 梁 灝 ， 八 十 二 ，
對 大 廷 ， 魁 多 士 ．

해석

양호(梁灝)와 같은 사람은 여든 두 살에 과거 시험에 응시하여, 조정에서
많은 선비들 중 우두머리가 되었다.

한자풀이

若…같을 약   梁…들보 량   灝…넓을 호   八…여덟 팔
十…열 십   二…두 이   對…대할 대   大…큰 대
廷…조정 정   魁…우두머리 괴   多…많을 다   士…선비 사

간체자와 중국음

若(ruò)   梁(liáng)   灝(hào),   八(bā)   十(shí)   二(èr),
对(duì)   大(dà)   廷(tíng),   魁(kuí)   多(duō)   士(shì).

若(약)	~와 같은. 예컨대.
梁灝(양호)	인명. 송대(宋代) 사람.
對(대)	대하다. 여기서는 "~에 나아가 대하다"란 뜻으로 쓰임.
大廷(대정)	조정.
魁(괴)	우두머리. 제일 높은 사람.
多士(다사)	수많은 선비.

해설

본문은 북송(北宋) 때의 한 노인이 나이를 불문하고 여든이 넘은 나이로 과거 시험에 응시하여 그 수많은 선비들을 물리치고 장원 급제하였음을 밝힌 내용이다.

양호(梁灝, 963년~1004년)는 지금의 산동(山東)의 동평(東平) 지방인 운주(鄆州) 수성(須城) 사람으로 그의 자는 태소(太素)이다. 그는 일생 동안 열심히 공부를 하였지만 누차 과거 시험에 실패하고 말았다. 그러나 그는 백절불굴(百折不屈)의 정신으로 결코 자신의 꿈을 포기하지 않았다. 양호가 열심히 공부하는 모습은 그의 자식들에게 좋은 영향을 주었다. 그래서 그의 자식들은 모두 일찍이 과거에 급제를 하였고 자신은 뒤늦게 급제를 한 것이다. 양호는 오대(五代) 시기 후진(後晋) 천복(天福) 3년부터 과거에 응시하기 시작하여 후한(後漢)·후주(後周)에 이르기까지 장장 3대(代) 동안 해마다 낙방을 거듭했다고 한다. 그러다가 송(宋) 태종(太宗) 옹희(雍熙) 2년, 즉 985년에 진사(進士)에 급제하는 영광을 안았고 뒤에는 한림학사(翰林學士)라는 벼슬을 지냈던 것이다.

82

彼 既 成 ， 衆 稱 異 ，
爾 小 生 ， 宜 立 志 .

해석

그가 이미 성공을 하였을 때는 많은 사람들이 대단하다고 칭찬하였다. 너희 후학들도 큰 뜻을 세우는 것이 마땅하리라.

한자풀이

彼…저 피　　　既…이미 기　　　成…이룰 성　　　衆…무리 중
稱…칭할 칭　　　異…다를 이　　　爾…너 이　　　小…작을 소
生…날 생　　　宜…마땅 의　　　立…설 립　　　志…뜻 지

간체자와 중국음

彼(bǐ)　　既(jì)　　成(chéng),　　众(zhòng)　　称(chēng)　　异(yì),
尔(ěr)　　小(xiǎo)　　生(shēng),　　宜(yí)　　立(lì)　　志(zhì).

주석

彼(피)	그, 그 사람. 대명사로 여기서는 양호(梁灝)를 가리킴.
旣(기)	이미.
成(성)	이루다, 성공하다. 즉 꿈을 이루다.
衆(중)	중인(衆人), 많은 사람들.
稱(칭)	일컫다, 칭찬하다.
異(이)	기이하다, 특이하다, 대단하다.
爾(이)	너, 너희들.
小生(소생)	후배, 후학들.
宜(의)	～함이 마땅하다, 마땅히 ～해야 옳다.
立志(입지)	뜻을 세우다.

해설

본문은 앞에서 밝힌 양호(梁灝) 이야기에 대한 연결이다. 그가 늙어서까지 자신이 세운 꿈을 버리지 않고 끝까지 도전, 마침내 이상을 실현시킴으로써 많은 사람들로부터 크게 칭찬을 받았다는 내용과 함께, 후학들은 양호의 이같은 의지와 노력을 큰 교훈으로 삼아 일찍부터 뜻을 세워 열심히 공부할 것을 강조한 것이다.

사람에게는 의지라는 것이 참으로 중요하다. 그 어떤 사람의 모든 소유물을 강제로 다 탈취할 수는 있어도 가슴 속에 품은 의지만은 빼앗을 수 없다 하였다. 그러나 그 가슴 속의 결심은 스스로 하는 것이지 그 어떤 성현 호걸에게도 빌리거나 도움받을 수 있는 것이 아니다. 다른 사람이 부정적으로 말한다 하더라도 자신이 판단하기에 의미있고 가치있는 일이라고 판단이 되고 또 그렇게 행하겠다고 결심을 하게되면 그 꿈은 언젠가는 반드시 이루어지고 말 것이다.

이상의 몇 장에서는 나이가 많은 만학도였지만 굳은 의지를 가지고 열심히 노력하여 성공한 사례들을 언급하면서 배움에는 끝이 없으며 나이를 불문하고 뜻만 굽히지 않는다면 무엇이든 이루어낼 수 있음을 각성시켜 주고 있다.

83

瑩 八 歲 ， 能 詠 詩 ，
泌 七 歲 ， 能 賦 棋 ．

해석

조영(祖瑩)은 여덟 살 때 시를 읊을 줄 알았고, 이필(李泌)은 일곱 살 때
바둑에 대한 시를 지을 줄 알았다.

한자풀이

瑩…옥 영   八…여덟 팔   歲…해 세   能…능할 능
詠…읊을 영   詩…시 시   泌…개천물 필   七…일곱 칠
賦…구실 부, 줄 부, 지을 부   棋…바둑 기

간체자와 중국음

莹(yíng)   八(bā)   岁(suì),   能(néng)   咏(yǒng)   诗(shī),
泌(bì)   七(qī)   岁(suì),   能(néng)   赋(fù)   棋(qí).

瑩(영)	인명. 북제(北齊) 사람 조영(祖瑩)을 말함.
能(능)	～할 수 있다. ～할 줄 안다.
詠詩(영시)	시를 읊다.
泌(필)	인명. 당대(唐代) 사람 이필(李泌)을 말함.
賦(부)	짓다.
棋(기)	바둑. 여기서는 "바둑에 대한 시(詩)"란 뜻으로 쓰임.

해설

본문의 앞 구절은 제(齊)나라 조영(祖瑩)에 관한 내용으로, 조영의 자는 원진(元珍)이다. 그는 어려서부터 책읽기를 좋아하여 여덟 살이 되어서는 능히 시를 지을 줄 알았다. 그래서 사람들은 그를 꼬마 괴동(怪童)이라고 부르기도 했다. 그는 밤낮을 가리지 않고 책을 읽다가 때로는 침식(寢食)을 잊기도 하였다. 이에 건강을 걱정하던 그의 부모가 등불을 치우고 기름을 치워서 밤에 잠을 자게 하였으나 그는 이불로 창문을 가리고 책을 계속 읽었다고 한다. 이렇게 공부를 하는데 어찌 실력이 좋아지지 않겠는가? 한 번은 이런 일이 있었다고 한다. 학당에서 ≪상서(尙書)≫를 공부하는데 선생님이 그에게 앞에 나와서 책을 한 번 읽어보라고 하였다. 그는 황급히 나오느라 실수로 다른 책을 가지고 나왔는데, 다시 들어가 책을 바꿔오기가 미안해서 그냥 가지고 나온 그 책을 펼치고 ≪상서≫ 내용을 외우기 시작하였다. 단숨에 세 편을 모두 암송하였지만 한 글자도 틀리지 않았다고 한다. 본문의 뒷 구절은 이필(李泌)에 대한 내용으로, 그는 지금의 섬서(陝西) 서안(西安) 지방인 경조(京兆) 사람으로 그의 자는 장원(長源)이다. 그는 어려서 아주 총명하였는데, 그가 일곱 살 때 당(唐) 현종(玄宗)이 그의 총명함을 시험해 보고자 궁으로 그를 불렀다. 마침 바둑을 두고 있던 현종은 이필에게 바둑을 둘 줄 아느냐고 묻자 이필은 고개를 끄덕였다. 현종은 "방원동정(方圓動靜)"이란 제목으로 시를 짓게 하되, 우선 신하인 장열(張說)에게 시범적으로 한 번 짓도록 하였다. 이에 장열은 "모가 난 것은 바둑판과 같고, 둥글기는 바둑알과 같으며, 움직이는 것은 바둑이 살아 있는 것이고, 조용히 있는 것은 바둑이 죽은 것이다."²⁸⁾라고 시를 지었다. 이에 이필은 조금도 망설임이 없이 바로 받아서 "모가 난 듯이 분명하게 해야 할 것은 정의를 행함에서 그렇게 하고, 둥근 듯이 원만하게 해야 할 것은 지혜를 쓸 때 그렇게 하며, 살아 있는 듯이 작동을 시켜야 할 때는 재능을 발휘할 때 그렇게 하고, 죽은 듯이 조용해야 할 때는 득의(得意)했을 때 그렇게 해야 할 것이다."²⁹⁾라고 대답을 하였다. 이에 감탄한 현종은 그에게 붉은 옷을 한 벌 하사하였는데, 이는 특별히 내리는 상을 의미한다. 그는 현종(玄宗)·숙종(肅宗)·대종(代宗)·덕종(德宗) 등 네 황제 재임시 재상을 지냈다.

---

28) 方若棋盤, 圓若棋子. 動若棋生, 靜若棋死.
29) 方若行義, 圓若用智. 動若騁才, 靜若得意.

彼 穎 悟 ， 人 稱 奇 ，
爾 幼 學 ， 當 效 之 .

해석

그는 아주 총명하여 사람들마다 기특하다고 칭찬을 하였는데, 너희 어린이
들도 공부를 함에 그를 본받아야 마땅하리라.

한자풀이

彼…저 피	穎…깨어날 영	悟…깨어날 오	人…사람 인
稱…일컬을 칭	奇…기이할 기	爾…너 이	幼…어릴 유
學…배울 학	當…마땅 당	效…본받을 효	之…갈 지

간체자와 중국음

彼(bǐ)　　穎(yǐng)　　悟(wù)，　人(rén)　　称(chēng)　奇(qí)，
尔(ěr)　　幼(yòu)　　学(xué)，　当(dāng)　效(xiào)　之(zhī).

彼(피)   그. 그 사람. 대명사로 여기서는 이필(李泌)을 가리킴.
穎悟(영오)   총명하다. 주로 어린애들에게 쓰는 말.
稱(칭)   일컫다. 칭찬하다.
奇(기)   기이하다. 기특하다.
爾(이)   너. 너희들.
幼學(유학)   어려서 배우는 공부.
當(당)   마땅히 ~해야 한다. ~함이 마땅하다.
效(효)   본받다.
之(지)   그. 그 사람. 대명사로 여기서는 이필(李泌)을 가리킴.

■ 해설

본문은 앞에서 언급한 이필(李泌) 이야기와 연결되는 내용이다. 어린 이필이 총명하여 사람들에게 많은 칭찬을 받았던 것은 부단한 노력의 결과이므로 어린 후학들도 그의 본을 받아 열심히 공부할 것을 권면하고 있다. 누군가는 성공하기 위한 조건으로 세 가지 마음 즉 "삼심(三心)"을 견지해야 한다고 했는데, "초심"과 "열심"과 "뒷심"이 곧 그것이다. 실제로 이 중에 그 어떤 것도 중요하지 않은 것이 없는 것 같다. 가만히 생각해 보면 성공이란 비결은 그리 복잡한 것에 있지 않다. 아주 단순하기만 하다. 그렇지만 그럼에도 불구하고 성공을 하지 못함은 아주 단순한 그 길을 걷지 않기 때문인 것이다. 어떤이는 위의 삼심(三心)과 비슷한 이치에서 "허심(虛心)"·항심(恒心)·내심(耐心)·세심(細心)을 강조하기도 한다. 자만하지 않고 무엇이든 겸손한 자세로 배워 자신의 부족한 점을 채우고자 하는 마음, 언제나 순수한 마음과 목적을 가지고 변함없이 노력하려는 마음, 어려움이 닥쳐도 난관이 있어도 참고 견디며 추진하려는 마음, 세세한 것까지도 놓치지 않고 꼼꼼하게 챙겨서 완벽을 기하려는 마음, 이것이 곧 "사심(四心)"이리라. 이와 같은 성실성만 유지된다면 그 어떤 일이라도 능히 다 해낼 수 있을 것이라 굳게 확신이 된다.

蔡 文 嬉 ， 能 辨 琴 ，
謝 道 韞 ， 能 詠 吟 ．

해석

채문희(蔡文嬉)는 거문고 소리를 분별할 줄 알았고, 사도온(謝道韞)은 시를 읊을 줄 알았다.

한자풀이

蔡…풀 채	文…글월 문	嬉…즐길 희	能…능할 능
辨…분별할 변	琴…거문고 금	謝…사례할 사	道…길 도
韞…감출 온	詠…읊을 영	吟…읊을 음	

간체자와 중국음

蔡(cài)	文(wèn)	嬉(xī),	能(néng)	辨(biàn)	琴(qín),
谢(xiè)	道(dào)	韫(yùn),	能(néng)	咏(yǒng)	吟(yín).

蔡文姬(채문희)	인명, 한대(漢代) 사람.
能(능)	능히 ~할 수 있다.
辨琴(변금)	거문고 음을 분별하다.
謝道韞(사도온)	인명, 진대(晋代) 사람.
詠吟(영음)	시를 읊다.

■ 해설

채문희(蔡文姬)는 원래 이름이 채염(蔡琰)으로 하남(河南) 기현(杞縣) 사람이다. 그녀는 동한(東漢) 때의 문학가 채옹(蔡邕)의 딸이다. 채옹은 경사(經史)에 정통하였고, 시(詩)·사(詞)·부(賦) 등도 잘 지었으며, 음악에도 뛰어났고 서예 실력도 아주 대단하였다. 그는 한(漢) 영제(靈帝) 때 의랑(議郎)을 지낸 바 있는데, 동한(東漢) 말에 와서는 동탁(董卓)에게 중용(重用)되어 시어사(侍御史)·관좌중랑장(官左中郎將) 등을 역임하였다. 그는 뒤에 동탁이 피살됨에 따라 그도 연루되어 옥살이를 하다가 옥중에서 죽고 말았다.

채옹은 음악에 정통하여 거문고 소리만 들어보아도 그 거문고가 좋은 것인지 아닌지를 구별할 수 있었다. 이런 아버지의 영향에 따라 채문희도 아주 음악에 조예가 깊었다. 동탁이 정권을 잡고 있을 때의 일이다. 하루는 채문희가 부친의 거문고 소리를 들었는데, 그 거문고 소리에서 초조해 하는 아버지의 마음을 읽을 수가 있었다고 한다. 이 소리에 채문희는 얼마지 않아 곧 어려움이 닥치겠구나 하는 예감이 들었는데 역시나 얼마 후 채옹은 옥중에서 죽음을 당하고 말았던 것이다.

본문의 후반부는 사도온(謝道韞)의 재능에 관한 이야기로, 그녀는 동진(東晋) 시대에 살았던 여자 시인이다. 진군(陳郡) 양하(陽夏)—지금의 하남(河南) 태강(太康)—지방에서 태어났던 그녀는 어려서 아주 총명하고 재기가 넘치는 아이였다. 하루는 밖에 함박눈이 내리는 모습을 보고 당시 재상(宰相)으로 있던 그녀의 숙부 사안(謝安)이 묻기를 "함박눈이 흩날리는 것이 뭐 같으냐?"고 하였다. 이에 사안의 조카였던 사랑(謝朗)이

"소금을 공중에 뿌리는 것과 비슷하다."고 화답하였다. 그러자 사도온이 읊기를 "버들 솜이 바람에 날리는 것만 못하다."라고 대답을 하였다. 당시 사도온은 형제자매들 중에서 가장 나이가 어렸지만 그의 대답이 가장 훌륭했던 것이다. 그래서 훗날 세상에서는 그녀와 같이 뛰어난 시적(詩的) 재능을 가진 여자를 일컬을 때 "영서재(詠絮才)"라고 칭하게 되었다.

86

彼 女 子 , 且 聰 敏 ,
爾 男 子 , 當 自 警 .

해석

저 여자들은 총명하고도 민감하였는데, 너희 남자들도 스스로 각성하는 것이 마땅하리라.

한자풀이

彼…저 피	女…여자 여	子…아들 자	且…또 차
聰…밝을 총	敏…민첩할 민	爾…너 이	男…사낼 남
子…아들 자	當…마땅 당	自…스스로 자	警…경계할 경

간체자와 중국음

彼(bǐ)	女(nǚ)	子(zǐ),	且(qiě)	聪(cōng)	敏(mǐn),
尔(ěr)	男(nán)	子(zǐ),	当(dāng)	自(zì)	警(jǐng).

彼(피)   그. 그들. 여기서는 앞 페이지에서 소개한 채문희(蔡文姬)
                와 사도온(謝道韞) 두 사람을 가리킴.

且(차)   또한.

聰敏(총민)   총명하고 민첩함.

爾(이)   너, 너희들.

當(당)   마땅히 ～해야 한다. ～함이 마땅하다.

自警(자경)   스스로 경계(警戒)함.

해설

본문은 앞 페이지에서 이야기한 채문희(蔡文姬)와 사도온(謝道韞) 이야기와 연결되는 내용이다. 두 여인들이 그렇게 총명하면서도 재화(才華)가 넘쳤던 것을 남자들도 각성의 기회로 삼아 자신의 발전을 위해 열심히 노력할 것을 당부하는 말이다.

채문희와 사도온 이외에도 탁문군(卓文君)이나 이청조(李淸照)와 같은 여성도 아주 유명하다. 사마상여(司馬相如)가 유명해질 수 있었던 것은 그의 재능 때문이기도 하였지만 탁문군과의 사랑으로 더욱 유명해졌다. 상여와 문군의 애정고사를 극화시킨 것이 연속극 ≪봉구황(鳳求凰)≫이다. 내용인 즉, 문군의 아버지 탁왕손이 가난한 사마상여와의 결혼을 허락하지 않자 문군은 상여와 도망을 친다. 둘은 어렵게 살다가 선술집을 차려 큰 돈을 번다. 상여가 ≪자허부(子虛賦)≫를 지어 한(漢) 무제(武帝)로부터 인정을 받아 벼슬을 하게 되고, 이로부터 탁왕손에게 부부로 인정받게 되는 이야기다. 이청조는 남송(南宋) 때의 사인(詞人)으로 문인 집안에서 태어났다. 7권의 수필과 6권의 시집을 내었다고 하나, 지금은 모두 없어지고 몇 편의 시사(詩詞)만 전해지고 있다. 그녀의 시사(詩詞)는 여성 특유의 예리함과 강렬한 어법(語法)을 구사하고 있음으로 유명하다.

87

唐 劉 晏 ，方 七 歲 ，
舉 神 童 ，作 正 字 .

🔲 해석

당(唐)나라 유안(劉晏)은 일곱 살 때, 신동(神童)으로 추천되어 "정자
(正字)"라는 관직을 맡았다.

🔲 한자풀이

唐…당나라 당	劉…성 류	晏…늦을 안	方…모 방
七…일곱 칠	歲…해 세	舉…들 거	神…귀신 신
童…아이 동	作…지을 작	正…바를 정	字…글자 자

🔲 간체자와 중국음

唐(táng)	刘(liú)	晏(yàn),	方(fāng)	七(qī)	岁(suì),
举(jǔ)	神(shén)	童(tóng),	作(zuò)	正(zhèng)	字(zì).

唐(당)　　　　중국 당나라.
劉晏(유안)　　인명. 715년부터 780년까지 살았던 사람으로 자(字)는 사
　　　　　　　안(士安). 조주(曹州) 남화(南華) 사람.
方(방)　　　　이제. 겨우.
擧(거)　　　　천거(薦擧)되다.
神童(신동)　　재주와 지혜가 특별히 뛰어난 아이.
作(작)　　　　되다. 여기서는 벼슬을 살다. 관직을 맡다.
正字(정자)　　관직명(官職名).

해설

앞에서 이야기되었던 조영(祖瑩)과 이필(李泌)과 같이 당대(唐代)의 유
안(劉晏) 역시 재주와 지혜가 아주 특출한 신동이었다. 그는 어려서부터
공부를 많이 해서 아는 것이 많았다. 그가 일곱 살 때의 일이다. 당(唐)
현종(玄宗)이 행차를 하고 있는데 유안 자신이 쓴 글을 직접 황제에게 올
렸다. 이에 그의 용기와 재화(才華)에 감동을 받은 현종은 그를 신동(神
童)이라 칭하고 그에게 한림(翰林)의 정자(正字) 관직을 맡겼다. 이 "정
자(正字)"라는 관직은 한림원(翰林院)에서 전문적으로 자형(字形)을 바
로 고치는 일을 책임지는 관직이었다.
그의 총명함과 단정함은 당 현종이 총애하던 양귀비(楊貴妃)로부터 아주
사랑을 받기에 충분하였다. 하루는 현종이 후궁(後宮)에 갔는데, 양귀비가
직접 그의 머리를 빗겨주고 있었다. 현종은 그를 한 번 시험해 보고자 이렇
게 물었다. "경(卿)은 자형(字形)을 바로 잡는 일을 맡은 관리인데 몇 글
자나 바로 잡았는고?" 이에 유안은 "모든 글자는 다 바로 잡았는데 오직
'붕(朋)'자만은 아직 바로잡지 못했습니다."라고 하였다. 여기에는 "붕
(朋)"이란 글자 자체가 원래 바르지 않음을 말한 것이기도 하였지만, 당시
간사한 무리들이 요직을 차지하고 나쁜 짓을 하고 있음에 대한 암시가 더
강하게 숨어 있는 대답이기도 하였다. 이처럼 그는 총명하면서도 정직하고
사악함을 증오하는 정의감도 대단하였음을 알 수 있다. 이 일로 감동을 받

은 현종은 그 이후로도 그에게 깊은 관심을 가졌다. 유안은 그 뒤에도 당
(唐) 숙종(肅宗) · 당(唐) 대종(代宗) 때 줄곧 재상에 상당하는 벼슬을
지냈다. 당(唐) 덕종(德宗) 때에는 벼슬을 하면서 일련의 개혁을 실시하
고, 안사(安史)의 난 이후에 혼란해진 경제적 문제점을 개선하는 등, 장장
20년간이나 당(唐)의 재무(財務)를 담당하기도 하였다.

::88

彼 雖 幼 ， 身 已 仕 ，
有 爲 者 ， 亦 若 是 ．

해석

그는 비록 어렸지만 몸은 이미 벼슬자리에 있었으니, 누구든지 공부를 하는
자는 역시 이와 같이 될 수가 있느니라.

한자풀이

彼…저 피　　　雖…비록 수　　　幼…어릴 유　　　身…몸 신
已…이미 이　　仕…벼슬할 사　　有…있을 유
爲…할 위, 될 위, 배울 위　　　者…놈 자　　　亦…또 역
若…같을 약　　是…이 시

간체자와 중국음

彼(bǐ)　　虽(suī)　　幼(yòu)，　身(shēn)　　已(yǐ)　　仕(shì)，
有(yǒu)　　为(wéi)　　者(zhě)，　亦(yì)　　若(ruò)　　是(shì)．

223

彼(피)	그. 저. 여기서는 앞에서 말한 유안(劉晏)을 가리킴.
雖(수)	비록 ～이라 할지라도.
幼(유)	나이가 어리다.
身(신)	몸. 신분.
已(이)	이미.
仕(사)	벼슬을 하다.
有爲(유위)	배움이 있다. 여기서 "위(爲)"는 "배우다. 학습하다"의 뜻.
者(자)	～하는 사람.
亦(역)	역시. 누구나.
若(약)	～와 같다.
是(시)	이. 이것.

해설

본문은 앞에서 언급한 유안(劉晏) 이야기에 연결되는 내용이다. 유안과 같이 그렇게 어린 사람도 벼슬길에 오를 수 있었던 것은 천부적인 재능도 있었지만 더욱 중요한 요인은 의지와 노력인 만큼, 세상에서 어떤 뜻을 가지고 열심히 공부하는 사람은 누구나 이와 같이 될 수 있다는 것을 강조한 것이다. ≪맹자(孟子)≫〈이루(離婁)〉하편에 보면 안연(顔淵)의 말을 인용하여 "순(舜) 임금은 어떤 사람이며, 나는 어떤 사람인가? 훌륭한 행동을 하는 자는 역시 순임금과 같이 되는 것이다.(舜何人也, 予何人也. 有爲者亦若是.)"라고 하였다. 역시 그렇게 하고자 하는 의지의 중요성을 강조한 것이다. ≪격몽요결(擊蒙要訣)≫에서도 "사람의 본성은 본래 착해서 옛날이나 지금이나, 지혜로운 자나 어리석은 자나 아무런 차이가 없거늘, 성인은 어찌 홀로 성인이 되었고, 나는 어찌 홀로 평범한 사람이 되었는가? 이는 진실로 뜻을 제대로 세우지 못하고 아는 것이 분명하지 못하며 행실이 도탑지 못하기 때문일 뿐이다. 뜻을 세우고 아는 것을 분명히 하며 행실을 도탑게 하는 것은 모두 나에게 달려 있으니, 어찌 다른 데서 구하겠는가?"[30]라고 하여 모든 것이 나로부터 결정됨을 지적하고 있다.

---

30) <立志章> 第一. "人性本善, 無古今智愚之殊. 聖人何故獨爲聖人, 我則何故獨爲衆人耶. 良由志不立, 知不明, 行不篤耳, 志之立, 知之明, 行之篤, 皆在我耳, 豈可他求哉."

89

犬守夜，鷄司晨，
苟不學，曷爲人．

해석

개는 밤을 지켜주고 닭은 새벽을 알려주는 임무를 맡았는데, 사람이 만일 배우지 않으면 어찌 사람이 될 수 있겠는가?

한자풀이

犬…개 견　　　守…지킬 수　　　夜…밤 야.　　　鷄…닭 계
司…맡을 사　　　晨…새벽 신　　　苟…진실로 구　　　不…아니 불
學…배울 학　　　曷…어찌 갈　　　爲…될 위, 할 위　　人…사람 인

간체자와 중국음

犬(quǎn)　守(shǒu)　夜(yè),　鸡(jí)　司(sī)　晨(chén),
苟(gǒu)　不(bù)　学(xué),　曷(hé)　为(wéi)　人(rén).

犬(견)　　　　개.

守夜(수야)　　밤을 지키다. 즉 집을 지킨다는 말.

鷄(계)　　　　닭.

司晨(사신)　　새벽을 알리는 일을 맡다.

苟(구)　　　　만약.

불학(不學)　　배우지 아니하다.

曷(갈)　　　　어찌. 어찌 ～하겠는가?

爲人(위인)　　사람이 되다. 혹은 사람답게 되다.

■ 해설

개는 밤에 도둑을 지켜줌으로써 사람이 안심하고 잠을 자게 해주고, 닭은 새벽을 알려줌으로써 사람을 잠에서 깨어나게 해 주듯이 이렇게 하찮은 동물까지도 자기의 임무를 잘 알고 그 일에 최선을 다하는데, 하물며 만물의 영장이라고 하는 사람에 있어서랴? 아무리 월등한 두뇌와 훌륭한 문화를 가진 인간이라 할지라도 만일 배우지 않는다면 수많은 이치와 도리를 알 수가 없어서 아무런 가치가 없는 인간이 된다는 내용이다.

본문 이전까지는 성공한 늙은이와 젊은이, 남자와 여자 등을 실례로 들어가면서 공부와 노력을 권면한 것이라고 한다면 본문 이후로부터는 동물과 곤충들을 예로 들어가면서 하찮은 동물이지만 자기가 맡은 책무를 다하고 있는 모습을 살펴보면서 많은 교훈을 얻을 수 있게 한다.

90

蠶 吐 絲 ， 蜂 釀 蜜 ， 人 不 學 ， 不 如 物 ．

해석

누에는 실을 토하고 벌은 꿀을 만드는데, 사람이 배우지 않으면 곤충만도 못한 것이다.

한자풀이

蠶…누에 잠　　　吐…토할 토　　　絲…실 사　　　蜂…벌 봉
釀…술빚을 양　　蜜…꿀 밀　　　人…사람 인　　　不…아니 불
學…배울 학　　　如…같을 여　　物…물건 물

간체자와 중국음

蚕(cán)　吐(tǔ)　丝(sī)，　蜂(fēng)　酿(niàng)　蜜(mì)，
人(rén)　不(bù)　学(xué)，　不(bù)　　如(rú)　　物(wù).

蠶(잠)   누에.
吐絲(토사)   실을 토하다. 여기서는 누에가 입으로 실을 토해 내는 것을
                말함.
蜂(봉)   벌.
釀蜜(양밀)   꿀을 빚다. 여기서는 벌이 꿀을 만들어 내는 것을 말함.
不學(불학)   배우지 아니하다.
不如(불여)   ~보다 못하다. ~같지 못하다.
物(물)   물건. 사물. 여기서는 누에나 벌 같은 곤충을 통틀어 가리킴.

■ 해설

본문 역시 누에나 벌과 같은 하찮은 미물(微物)을 통해 사람이 열심히 노
력할 것을 강조한 내용이다. 누에는 열심히 고치를 만들어 사람들로 하여금
각종 아름다운 비단을 짜서 유용한 옷을 만들어 입게 해주고, 벌은 일생토
록 열심히 일해서 꿀을 만들어 주는가 하면 또 여러 꽃을 날아다니며 수정
을 시켜 결실이 있게 해 주는 등 사람들에게 큰 공헌을 해 준다. 그런데
사람으로 태어난 우리가 만일에 열심히 배우지 않아 무용지물이 되어 살아
간다면 인류를 위해 공헌하는 누에나 벌만도 못하다는 말이다.

91

幼 而 學 , 壯 而 行 ,
上 致 君 , 下 澤 民 .

해석

어렸을 때 배워 장년 때 이를 행하게 되면, 위로는 임금에게 도움이 미치게
되고, 아래로는 백성에게 그 은택(恩澤)이 미치게 된다.

한자풀이

幼…어릴 유.　　　而…말이을 이　　　學…배울 학　　　壯…씩씩할 장
行…행할 행　　　上…윗 상　　　　致…이룰 치　　　君…임금 군
下…아래 하　　　澤…못 택, 윤 택, 은덕 택　　　　民…백성 민

간체자와 중국음

幼(yòu)　　而(ér)　　学(xué),　　壯(zhuàng)　而(ér)　　行(xíng),
上(shàng)　致(zhì)　君(jūn),　　下(xià)　　泽(zé)　　民(mín).

幼(유)   어렸을 때. 유년기.

而(이)   접속사로 말을 이어줌.

學(학)   배우다. 학문에 전념하다.

壯(장)   어른이 되다. 장년.

行(행)   행하다. 유년기에 배운 것을 실천하다.

上(상)   위로는.

致君(치군)   임금에게 다다르다. 임금에게 미치다. 이는 배운 것을 바탕
                  으로 하여 임금에게 충성할 수 있다는 것.

下(하)   아래로는.

澤民(택민)   백성을 윤택하게 하다. 백성에게 은덕이 미치다.

■ 해설

본문은 배움과 실행이 어떻게 작용될 수 있는가에 대한 설명이다. 유년기는 참으로 중요한 시기이다. 이는 앞에서도 줄곧 강조했던 바다. 어려서 열심히 공부를 하여 수많은 지식과 지혜들을 터득하였으면 이제 어른이 되어서는 이를 실행에 옮겨야 할 것이다. 누군가가 배움을 통해 훗날 훌륭한 인물이 되었다면, 또 그가 조정에서 벼슬을 하면서 정무(政務)에 열성을 다하는 사람이 되었다면, 그의 노력과 공헌은 누에나 벌이 인간에게 주는 혜택보다도 더 값질 수 있는 것이다. 배운 것을 올바르게 적용함에 따라 위로는 임금의 영광이 나타날 수 있도록 충성을 다 할 수 있을 것이요, 아래로는 일반 백성들이 복리를 누릴 수 있도록 하는데 큰 영향력을 행사할 수 있게 될 것이다. 배운 것을 실용함에 이보다 더 큰 소득이 어디 있겠는가?

92

揚 名 聲 , 顯 父 母 ,
光 于 前 , 裕 于 後 .

해석

명성을 날려 부모님을 드러나게 하면, 선대에게는 영광이 되고 후대에게는
복이 된다.

한자풀이

揚…날릴 양　　　名…이름 명　　　聲…소리 성　　　縣…나타날 현
父…아비 부　　　母…어미 모　　　光…빛 광　　　于…어조사 우
前…앞 전　　　裕…넉넉할 유　　　後… 뒤 후

간체자와 중국음

扬(yáng)　　名(míng)　　声(shēng),　　显(xiǎn)　　父(fù)　　母(mǔ),
光(guāng)　于(yú)　　前(qián),　　裕(yù)　　于(yú)　　後(hòu).

揚(양) 날리다. 떨치다.

名聲(명성) 세상에 널리 떨친 이름. 명예.

顯父母(현부모) 부모의 존재를 나타내다. 두드러지게 하다. 즉 부모에게 영광을 안겨 드린다는 의미.

光(광) 빛나다. 영광.

于(우) ~에게. 어조사.

前(전) 선조. 조상.

裕(유) 부유하다. 복되다.

後(후) 후손. 후예.

해설

본문은 앞 페이지와 연결되는 내용이다. 어려서 열심히 공부를 했다면 국가의 동량(棟梁)이 되기에 충분할 것이고, 나라의 중요한 요직에서 자기의 역량을 유감없이 발휘할 수 있게 된다면 그의 이름은 자연히 세상에 알려질 것이다. 그의 영광은 그 자신 한 사람으로 끝나는 것이 아니고 그를 낳아 주신 부모님께 큰 영예를 안겨 드리는 것이 될 뿐만 아니라 선대나 후대에게도 떳떳할 수 있게 되는 것이다.그래서 공자도 "신체와 머리카락과 피부는 부모에게서 받은 것이라, 함부로 훼손하거나 다치게 해선 안 된다. 이것이 효도의 시작이다. 자신을 똑 바로 세워 도를 행하고 이름을 후세에 널리 날림으로써 부모를 드러나게 하는 것이 효도의 끝이다.(身體髮膚, 受之父母, 不敢毀傷, 孝之始也. 立身行道, 陽名於後世, 以顯父母, 孝之終也.)"라고 하였던 것이다.

93

人遺子, 金滿籯,
我教子, 唯一經.

해석

사람들은 자식에게 유산을 물려줄 때 돈을 바구니 가득 남겨주지만, 나는
자식을 가르치는데 필요한 오직 경서 하나만을 주겠다.

한자풀이

人…사람 인　　　遺…줄 유　　　子…아들 자　　　金…쇠 금
滿…찰 만　　　　籯…바구니 영　　我…나 아　　　教…가르칠 교
唯…오직 유　　　一…한 일　　　經…경서 경

간체자와 중국음

人(rén)　遺(yí)　子(zǐ),　金(jīn)　滿(mǎn)　籯(yíng),
我(wǒ)　教(jiāo)　子(zǐ),　唯(wéi)　一(yī)　经(jīng).

주석

遺(유)	남기다, 후세에 전하다.
金(금)	금. 돈을 말함.
滿籝(만영)	바구니에 가득하다.
敎子(교자)	자식을 교육시키다.
唯(유)	오직.
經(경)	경서(經書)의 총칭. 즉 유가(儒家)의 경전(經典). 성현들의 책.

해설

본문은 자식에게 백만의 황금을 유산으로 남겨 주는 것보다 한 권의 경전(經典)으로 자식을 잘 가르치는 것이 더 낫다는 것을 말하고 있다. 왜냐하면 설령 부모가 수많은 재산을 남겨 주었다고 하더라도 자식이 이를 잘 관리하지 못하고 앉아서 놀고 먹으며 방탕하게 쓴다면 몇 년 못가서 동이 나고 말 것이기 때문이다. 그러나 유가의 경전을 통해 삶의 방법과 의미를 배우고 지혜와 기술을 익힌 사람은 사회에서 꼭 필요한 사람이 되어 값지고 풍부한 삶을 살아갈 수 있을 것이다.

94

勤 有 功 ， 戲 無 益 ，
戒 之 哉 ， 宜 勉 力 .

해석

부지런하면 성공(成功)을 하게 되고, 놀기만 하면 유익함이 없으니 이를
경계하여 공부하는데 힘쓰는 것이 옳을 것이다.

한자풀이

勤…부지런할 근   有…있을 유   功…공 공   戲…놀 희
無…없을 무   益…더할 익   戒…경계할 계   之…갈 지
哉…어조사 재   宜…마땅할 의   勉…힘쓸 면   力…힘 력

간체자와 중국음

勤(qín)   有(yǒu)   功(gōng),   戏(xì)   无(wú)   益(yì),
戒(jiè)   之(zhī)   哉(zāi),   宜(yí)   勉(miǎn)   力(lì).

주석

勤(근)	부지런하다.
有功(유공)	성공(成功)을 하다.
戲(희)	놀다. 무위도식(無爲徒食)하다.
無益(무익)	유익함이 없다.
戒(계)	경계하고 조심하다.
之(지)	이것. 대명사로 쓰임.
哉(재)	어조사로 아무런 뜻 없이 쓰임.
宜(의)	～함이 옳다, ～함이 마땅하다.
勉力(면력)	힘써 노력하다. 열심히 공부하다.

해설

본문은 ≪삼자경≫의 가장 마지막 결론으로써 역시 열심히 노력할 것을 강조하는 내용이다. 부지런하기만 하면 만사가 형통하게 된다는 말은 옛말에서도 많이 찾아 볼 수 있다. 즉, "부지런하기만 하면 천하에 어려운 일이 없다.(一勤天下無難事)"란 말도 그렇고, 또 "책 속에 길이 있나니 부지런함이 곧 지름길이 되고, 학문의 바다는 끝이 없지만, 노고(勞苦)가 곧 배가 되어 준다.(書山有路勤爲徑, 學海無涯苦作舟)"란 말도 같은 맥락의 말이다.

무슨 일이든 부지런히 하되 일시적으로만 그래서는 안되고 끈기를 가지고 꾸준하게 해야 할 것이다. 다소 소질이 부족하고 능력이 미치지 못한다 하더라도 끝까지 도전해서 성공한 사람들을 우리는 주위에서도 많이 찾아볼 수 있지 않던가? 그래서 순자(荀子)도 말하기를 "뚫다가 중간에 멈추지만 않는다면 금석(金石)이라도 뚫을 수가 있다.(鍥而不舍, 金石可鏤.)"라 하였다. 또 중국어 속담 중에 "느린 것을 걱정할 것이 아니라, 멈춰버렸음을 걱정할 일이다.(不怕慢, 只怕站.)"이란 말도 꾸준함을 강조한 말이다. 한참 열심히 배워야 할 시기의 젊은이들이 깊이 생각해 보고 좌우명으로 삼아야 할 말들이 아닌가 싶다.

부　　록

낭독용 《三字經》 본문

01. 人之初，性本善，性相近，習相遠.
02. 苟不教，性乃遷，教之道，貴以專.
03. 昔孟母，擇鄰處，子不學，斷機杼.
04. 竇燕山，有義方，教五子，名俱揚.
05. 養不教，父之過，教不嚴，師之惰.
06. 子不學，非所宜，幼不學，老何爲.
07. 玉不琢，不成器，人不學，不知義.
08. 爲人子，方少時，親師友，習禮儀.
09. 香九齡，能溫席，孝于親，所當執.
10. 融四歲，能讓梨，弟于長，宜先知.
11. 首孝弟，次見聞，知某數，識某文.
12. 一而十，十而百，百而千，千而萬.
13. 三才者，天地人，三光者，日月星.
14. 三綱者，君臣義，父子親，夫婦順.
15. 曰春夏，曰秋冬，此四時，運不窮.
16. 曰南北，曰西東，此四方，應乎中.
17. 曰水火，木金土，此五行，本乎數.
18. 曰仁義，禮智信，此五常，不容紊.
19. 稻粱菽，麥黍稷，此六穀，人所食.
20. 馬牛羊，鷄犬豕，此六畜，人所飼.

21. 曰喜怒，曰哀懼，愛惡欲，七情具．

22. 匏土革，木石金，絲與竹，乃八音．

23. 高曾祖，父而身，身而子，子而孫，

24. 自子孫，至玄曾，乃九族，人之倫．

25. 父子恩，夫婦從，兄則友，弟則恭，

26. 長幼序，友與朋，君則敬，臣則忠，

27. 此十義，人所同．

28. 凡訓蒙，須講究，詳訓詁，明句讀．

29. 為學者，必有初，小學終，至四書．

30. 論語者，二十篇，群弟子，記善言．

31. 孟子者，七篇止．講道德，說仁義．

32. 作中庸，子思筆，中不偏，庸不易．

33. 作大學，乃曾子，自修齊，至平治．

34. 孝經通，四書熟，如六經，始可讀．

35. 詩書易，禮春秋，號六經，當講求．

36. 有連山，有歸藏，有周易，三易詳．

37. 有典謨，有訓誥，有誓命，書之奧．

38. 我周公，作周禮，著六官，存治體．

39. 大小戴，注禮記，述聖言，禮樂備．

40. 曰國風，曰雅頌，號四詩，當諷詠．

41. 詩既亡，春秋作，寓褒貶，別善惡．

42. 三傳者，有公羊，有左氏，有穀梁．

43. 經既明， 方讀子， 撮其要， 記其事.

44. 五子者， 有荀楊， 文中子， 及老莊.

45. 經子通， 讀諸史， 考世系， 知終始.

46. 自羲農， 至黃帝， 號三皇， 居上世.

47. 唐有虞， 號二帝， 相揖遜， 稱盛世.

48. 夏有禹， 商有湯， 周文武， 稱三王.

49. 夏傳子， 家天下， 四百載， 遷夏社.

50. 湯伐夏， 國號商， 六百載， 至紂亡.

51. 周武王， 始誅紂， 八百載， 最長久.

52. 周轍東， 王綱墜， 逞干戈， 尚遊說.

53. 始春秋， 終戰國， 五霸強， 七雄出.

54. 嬴秦氏， 始兼幷， 傳二世， 楚漢爭.

55. 高祖興， 漢業建， 至孝平， 王莽篡.

56. 光武興， 爲東漢， 四百年， 終于獻.

57. 魏蜀吳， 爭漢鼎， 號三國， 迄兩晋.

58. 宋齊繼， 梁陳承， 爲南朝， 都金陵.

59. 北元魏， 分東西， 宇文周， 與高齊.

60. 迨至隋， 一土宇， 不再傳， 失統緒.

61. 唐高祖， 起義師， 除隋亂， 創國基.

62. 二十傳， 三百載， 梁滅之， 國乃改.

63. 梁唐晋， 及漢周， 稱五代， 皆有由.

64. 炎宋興， 受周禪， 十八傳， 南北混.

65. 遼與金，皆稱帝，元滅金，絕宋世.

66. 輿圖廣，超前代，九十年，國祚廢.

67. 太祖興，國大明，號洪武，都金陵.

68. 迨成祖，遷燕京，十六世，至崇禎.

69. 清世祖，據神京，靖四方，克大定.

70. 古今史，全在茲，載治亂，知興衰.

71. 讀史者，考實錄，通古今，若親目.

72. 口而誦，心而惟，朝于斯，夕于斯.

73. 昔仲尼，師項槖，古聖賢，尚勤學.

74. 趙中令，讀魯論，彼既仕，學且勤.

75. 披蒲編，削竹簡，彼無書，且知勉.

76. 頭懸梁，錐刺股，彼不教，自勤苦.

77. 如囊螢，如映雪，家雖貧，學不輟.

78. 如負薪，如掛角，身雖勞，猶苦卓.

79. 蘇老泉，二十七，始發憤，讀書籍.

80. 彼既老，猶悔遲，爾小生，宜早思.

81. 若梁灝，八十二，對大廷，魁多士.

82. 彼既成，眾稱異，爾小生，宜立志.

83. 瑩八歲，能詠詩，泌七歲，能賦棋.

84. 彼穎悟，人稱奇，爾幼學，當效之.

85. 蔡文姬，能辨琴，謝道韞，能詠吟.

86. 彼女子，且聰敏，爾男子，當自警.

87. 唐劉晏，方七歲，舉神童，作正字.

88. 彼雖幼，身已仕，有爲者，亦若是.

89. 犬守夜，雞司晨，苟不學，曷爲人.

90. 蠶吐絲，蜂釀蜜，人不學，不如物.

91. 幼而學，壯而行，上致君，下澤民.

92. 揚名聲，顯父母，光于前，裕于後.

93. 人遺子，金滿籯，我敎子，唯一經.

94. 勤有功，戲無益，戒之哉，宜勉力.

≪三字經≫ 본문 한자 정리

가 可 [옳을 가: 口, 총5획: kě]
　　家 [집 가: 宀, 총10획: jiā]
각 角 [뿔 각: 角, 총7획: jiǎo, jué]
간 干 [방패 간: 干, 총3획: gān, gàn]
갈 曷 [어찌 갈: 曰, 총9획: hé]
강 綱 [벼리 강: 糸, 총14획: gāng]
　　講 [익힐 강: 言, 총17획: jiǎng]
　　强 [굳셀 강: 弓, 총12획: qiáng]
　　綱 [벼리 강: 糸, 총14획: gāng]
개 改 [고칠 개: 攴, 총7획: gǎi]
　　皆 [다 개: 白, 총9획: jiē]
거 居 [있을 거: 尸, 총8획: jū]
　　擧 [들 거: 手, 총18획: jǔ]
　　據 [의거할 거: 手, 총16획: jù]
건 建 [세울 건: 廴, 총9획: jiàn]
견 見 [볼 견: 見, 총7획: jiàn, xiàn]
　　犬 [개 견: 犬, 총4획: quǎn]
겸 兼 [겸할 겸: 八, 총10획: jiān]
경 警 [경계할 경: 言, 총20획: jǐng]
　　京 [서울 경: 亠, 총8획: jīng]
　　經 [날 경: 糸, 총13획: jīng]
　　敬 [공경할 경: 攴, 총13획: jìng]
　　京 [서울 경: 亠, 총8획: jīng]
계 戒 [경계할 계: 戈, 총7획: jiè]
　　系 [이을 계: 糸, 총7획: xì]
　　鷄 [닭 계: 鳥, 총21획: jī]
　　繼 [이을 계: 糸, 총20획: jì]
고 詁 [주낼 고: 言, 총12획: gǔ]

古 [옛 고: 口, 총5획: gǔ]

高 [높을 고: 高, 총10획: gāo]

誥 [고할 고: 言, 총14획: gào]

考 [상고할 고: 老, 총6획: kǎo]

苦 [쓸 고: 艸, 총9획: kǔ]

股 [넓적다리 고: 肉, 총8획: gǔ]

곡 　穀 [곡식 곡: 木, 총14획: gǔ]

공 　公 [공변될 공: 八, 총4획: gōng]

功 [공 공: 力, 총5획: gōng]

恭 [공손할 공: 心, 총10획: gōng]

과 　過 [지날 과: 辶, 총13획: guò]

戈 [창 과: 戈, 총4획: gē]

관 　官 [벼슬 관: 宀, 총8획: guān]

광 　廣 [넓을 광: 广, 총15획: guǎng]

光 [빛 광: 儿, 총6획: guāng]

괘 　掛 [걸 괘: 手, 총11획: guà]

괴 　魁 [으뜸 괴: 鬼, 총14획: kuí]

교 　敎 [가르칠 교: 攴, 총11획: jiāo, jiào]

구 　苟 [진실로 구: 艸, 총9획: gǒu]

口 [입 구: 口, 총3획: kǒu]

久 [오랠 구: 丿, 총3획: jiǔ]

九 [아홉 구: 乙, 총2획: jiǔ]

究 [궁구할 구: 穴, 총7획: jiū]

求 [구할 구: 水, 총7획: qiú]

句 [글귀 구: 口, 총5획: jù]

俱 [함께 구: 人, 총10획: jù]

懼 [두려워할 구: 心, 총21획: jù]

具 [갖출 구: 八, 총8획: jù]

국 　國 [나라 국: 囗, 총11획: guó]

군 　君 [임금 군: 口, 총7획: jūn]

群 [무리 군: 羊, 총13획: qún]

궁　窮 [다할 궁：　穴, 총15획：　qióng]

귀　貴 [귀할 귀：　貝, 총12획：　guì]

　　歸 [돌아갈 귀：　止, 총18획：　guī]

극　克 [이길 극：　儿, 총7획：　kè]

근　勤 [부지런할 근：　力, 총13획：　qín]

　　近 [가까울 근：　辶, 총8획：　jìn]

금　金 [쇠 금：　金, 총8획：　jīn]

　　今 [이제 금：　人, 총4획：　jīn]

　　琴 [거문고 금：　玉, 총12획：　qín]

급　及 [미칠 급：　又, 총4획：　jí]

기　基 [터 기：　土, 총11획：　jī]

　　旣 [이미 기：　无, 총11획：　jì]

　　起 [일어날 기：　走, 총10획：　qǐ]

　　機 [틀 기：　木, 총16획：　jī]

　　其 [그 기：　八, 총8획：　qí]

　　記 [기록할 기：　言, 총10획：　jì]

　　棋 [바둑 기：　木, 총12획：　qí]

　　器 [그릇 기：　口, 총16획：　qì]

　　奇 [기이할 기：　大, 총8획：　qí]

김　金 [쇠 금：　金, 총8획：　jīn]

난　亂 [어지러울 난(란)：　乙, 총13획：　luàn]

남　南 [남녘 남：　十, 총9획：　nán]

　　男 [사내 남：　田, 총7획：　nán]

낭　囊 [주머니 낭：　口, 총22획：　nāng, náng]

내　乃 [이에 내：　丿, 총2획：　nǎi]

녀　女 [계집 녀(여)：　女, 총3획：　nǚ]

년　年 [해 년：　干, 총6획：　nián]

노　勞 [일할 노(로)：　力, 총12획：　láo]

　　怒 [성낼 노：　心, 총9획：　nù]

　　魯 [노나라 노(로)：　魚, 총15획：　lǔ]

　　老 [늙은이 노(로)：　老, 총6획：　lǎo]

녹　錄 [기록할 녹(록):　金, 총16획:　lù]

론　論 [논할 론(논):　言, 총15획:　lùn]

논　論 [논할 논(론):　言, 총15획:　lùn]

농　農 [농사 농:　辰, 총13획:　nóng]

능　陵 [큰 언덕 능(릉):　阜, 총11획:　líng]

　　能 [능할 능:　肉, 총10획:　néng]

니　尼 [중 니(이):　尸, 총5획:　ní]

다　多 [많을 다:　夕, 총6획:　duō]

단　斷 [끊을 단:　斤, 총18획:　duàn]

당　當 [당할 당:　田, 총13획:　dāng, dàng]

　　唐 [당나라 당:　口, 총10획:　táng]

대　戴 [일 대:　戈, 총18획:　dài]

　　代 [대신할 대:　人, 총5획:　dài]

　　對 [대답할 대:　寸, 총14획:　duì]

　　大 [큰 대:　大, 총3획:　dà, dài]

덕　德 [덕 덕:　彳, 총15획:　dé]

도　稻 [벼 도:　禾, 총15획:　dào]

　　圖 [그림 도:　囗, 총14획:　tú]

　　都 [도읍 도:　邑, 총12획:　dōu, dū]

　　道 [길 도:　辶, 총13획:　dào]

독　讀 [읽을 독:　言, 총22획:　dòu, dú]

동　東 [동녘 동:　木, 총8획:　dōng]

　　同 [한가지 동:　口, 총6획:　tóng, tòng]

　　童 [아이 동:　立, 총12획:　tóng]

　　冬 [겨울 동:　冫, 총5획:　dōng]

두　頭 [머리 두:　頁, 총16획:　tóu]

　　竇 [구멍 두:　穴, 총20획:　dòu]

락　樂 [즐거울 락(풍류 악, 좋아할 요):　木, 총15획:
　　　yào, yuè]

란　亂 [어지러울 란(난):　乙, 총13획:　luàn]

량　兩 [둘 량(양):　入, 총8획:　liǎng]

良 [좋을 량(양): 艮, 총7획: liáng]

梁 [들보 량(양): 木, 총11획: liáng]

력 力 [힘 력(역): 力, 총2획: lì]

련 連 [잇닿을 련(연): 辶, 총11획: lián]

령 令 [하여금 령(영): 人, 총5획: lǐng, lìng]

逞 [굳셀 령(영): 辶, 총11획: chěng]

齡 [나이 령(영): 齒, 총20획: líng]

례 禮 [예도 례(예): 示, 총18획: lǐ]

로 勞 [일할 로(노): 力, 총12획: láo]

老 [늙을 로(노): 老, 총6획: lǎo]

록 錄 [기록할 록(녹): 金, 총16획: lù]

론 論 [논할 론(논): 言, 총15획: lùn]

료 遼 [멀 료(요): 辶, 총16획: liáo]

류 劉 [죽일 류(유): 刀, 총15획: liú]

륙 六 [여섯 륙(육): 八, 총4획: liù, lù]

륜 倫 [인륜 륜(윤): 人, 총10획: lún]

릉 陵 [큰 언덕 릉(능): 阜, 총11획: líng]

린 鄰 [이웃 린(인): 邑, 총15획: lín]

립 立 [설 립(입): 立, 총5획: lì]

마 馬 [말 마: 馬, 총10획: mǎ]

만 萬 [일만 만: 艸, 총13획: wàn]

滿 [찰 만: 水, 총14획: mǎn]

망 亡 [망할 망: 亠, 총3획: wáng]

莽 [우거질 망: 艸, 총12획: mǎng]

맥 麥 [보리 맥: 麥, 총11획: mài]

맹 孟 [맏 맹: 子, 총8획: mèng]

면 勉 [힘쓸 면: 力, 총9획: miǎn]

멸 滅 [멸망할 멸: 水, 총13획: miè]

명 名 [이름 명: 口, 총6획: míng]

命 [목숨 명: 口, 총8획: mìng]

明 [밝을 명: 日, 총8획: míng]

모　某 [아무 모：　木, 총9획：　mǒu]

　　謨 [꾀 모：　言, 총18획：　mó]

　　母 [어미 모：　毋, 총5획：　mǔ]

목　木 [나무 목：　木, 총4획：　mù]

　　目 [눈 목：　目, 총5획：　mù]

몽　蒙 [입을 몽：　艸, 총14획：　mēng, méng]

무　武 [굳셀 무：　止, 총8획：　wǔ]

　　無 [없을 무：　火, 총12획：　wú]

문　聞 [들을 문：　耳, 총14획：　wén]

　　文 [글월 문：　文, 총4획：　wén]

　　紊 [어지러울 문：　糸, 총10획：　wěn]

물　物 [만물 물：　牛, 총8획：　wù]

민　民 [백성 민：　氏, 총5획：　mín]

　　敏 [재빠를 민：　攴, 총11획：　mǐn]

밀　蜜 [꿀 밀：　虫, 총14획：　mì]

발　發 [필 발：　癶, 총12획：　fā, fà]

방　方 [모 방：　方, 총4획：　fāng]

백　百 [일백 백：　白, 총6획：　bǎi]

벌　伐 [칠 벌：　人, 총6획：　fā, fá]

범　凡 [무릇 범：　几, 총3획：　fán]

변　辨 [분별할 변：　辛, 총16획：　biàn]

별　別 [나눌 별：　刀, 총7획：　bié]

병　幷 [아우를 병：　干, 총8획：　bīng, bìng]

본　本 [근본 본：　木, 총5획：　běn]

봉　蜂 [벌 봉：　虫, 총13획：　fēng]

부　婦 [며느리 부：　女, 총11획：　fù]

　　父 [아비 부：　父, 총4획：　fù]

　　夫 [지아비 부：　大, 총4획：　fū]

　　負 [질 부：　貝, 총9획：　fù]

　　賦 [구실 부：　貝, 총14획：　fù]

　　不 [아닐 부(불)：　一, 총4획：　bù]

북　北 [북녘 북：　匕, 총5획：　běi]
분　分 [나눌 분：　刀, 총4획：　fēn, fèn]
　　憤 [결낼 분：　心, 총15획：　fèn]
불　不 [아닐 불(부)：　一, 총4획：　bù]
붕　朋 [벗 붕：　月, 총8획：　péng]
비　備 [갖출 비：　人, 총12획：　bèi]
　　非 [아닐 비：　非, 총8획：　fēi]
빈　貧 [가난할 빈：　貝, 총11획：　pín]
사　絲 [실 사：　糸, 총12획：　sī]
　　四 [넉 사：　囗, 총5획：　sì]
　　飼 [먹일 사：　食, 총14획：　sì]
　　仕 [벼슬할 사：　人, 총5획：　shì]
　　師 [스승 사：　巾, 총10획：　shī]
　　司 [맡을 사：　口, 총5획：　sī]
　　士 [선비 사：　士, 총3획：　shì]
　　斯 [이 사：　斤, 총12획：　sī]
　　史 [역사 사：　口, 총5획：　shǐ]
　　思 [생각할 사：　心, 총9획：　sī]
　　社 [토지신 사：　示, 총8획：　shè]
　　謝 [사례할 사：　言, 총17획：　xiè]
　　事 [일 사：　亅, 총8획：　shì]
삭　削 [깎을 삭：　刀, 총9획：　xiāo, xuē]
산　山 [뫼 산：　山, 총3획：　shān]
삼　三 [석 삼：　一, 총3획：　sān]
상　相 [서로 상：　目, 총9획：　xiāng, xiàng]
　　上 [위 상：　一, 총3획：　shàng]
　　詳 [자세할 상：　言, 총13획：　xiáng]
　　商 [헤아릴 상：　口, 총11획：　shāng]
　　詳 [자세할 상：　言, 총13획：　xiáng]
　　常 [항상 상：　巾, 총11획：　cháng]
　　尙 [오히려 상：　小, 총8획：　shàng]

생　生 [날 생： 生, 총5획： shēng]

서　緒 [실마리 서： 糸, 총15획： xù]

　　書 [글 서： 曰, 총10획： shū]

　　西 [서녘 서： 襾, 총6획： xī]

　　黍 [기장 서： 黍, 총12획： shǔ]

　　誓 [맹세할 서： 言, 총14획： shì]

　　序 [차례 서： 广, 총7획： xù]

석　席 [자리 석： 巾, 총10획： xí]

　　石 [돌 석： 石, 총5획： shí]

　　昔 [예 석： 日, 총8획： xī]

　　夕 [저녁 석： 夕, 총3획： xī]

선　禪 [봉선 선： 示, 총17획： chán, shàn]

　　善 [착할 선： 口, 총12획： shàn]

　　先 [먼저 선： 儿, 총6획： xiān]

설　雪 [눈 설： 雨, 총11획： xuě, xuè]

　　說 [말씀 설： 言, 총14획： shuì, shuō, yuè]

성　性 [성품 성： 心, 총8획： xìng]

　　成 [이룰 성： 戈, 총7획： chéng]

　　星 [별 성： 日, 총9획： xīng]

　　聖 [성스러울 성： 耳, 총13획： shèng]

　　聲 [소리 성： 耳, 총17획： shēng]

　　盛 [성할 성： 皿, 총12획： chéng, shèng]

세　世 [인간 세： 一, 총5획： shì]

　　歲 [해 세： 止, 총13획： suì]

　　說 [유세 세 (말씀 설, 기쁠 열)： 言, 총14획： shuì,
　　　　shuō, yuè]

소　所 [바 소： 戶, 총8획： suǒ]

　　蘇 [소생할 소： 艹, 총20획： sū]

　　少 [적을 소： 小, 총4획： shǎo, shào]

　　小 [작을 소： 小, 총3획： xiǎo]

손　孫 [손자 손： 子, 총10획： sūn]

遜 [겸손할 손: 辶, 총14획: xùn]
송 宋 [송나라 송: 宀, 총7획: sòng]
頌 [기릴 송: 頁, 총13획: sòng]
誦 [욀 송: 言, 총14획: sòng]
쇠 衰 [쇠할 쇠: 衣, 총10획: cuī, shuāi]
수 雖 [비록 수: 隹, 총17획: suī]
守 [지킬 수: 宀, 총6획: shǒu]
數 [셈할 수: 攴, 총15획: shǔ, shù, shuò]
須 [모름지기 수: 頁, 총12획: xū]
首 [머리 수: 首, 총9획: shǒu]
水 [물 수: 水, 총4획: shuǐ]
受 [받을 수: 又, 총8획: shòu]
修 [닦을 수: 人, 총10획: xiū]
隋 [수나라 수: 阜, 총12획: suí]
숙 菽 [콩 숙: 艸, 총12획: shū]
熟 [익을 숙: 火, 총15획: shóu, shú]
순 荀 [풀 이름 순: 艸, 총10획: xún]
順 [순할 순: 頁, 총12획: shùn]
술 述 [지을 술: 辶, 총9획: shù]
숭 崇 [높을 숭: 山, 총11획: chóng]
습 習 [익힐 습: 羽, 총11획: xí]
승 承 [받들 승: 手, 총8획: chéng]
시 始 [처음 시: 女, 총8획: shǐ]
豕 [돼지 시: 豕, 총7획: shǐ]
詩 [시 시: 言, 총13획: shī]
時 [때 시: 日, 총10획: shí]
是 [옳을 시: 日, 총9획: shì]
식 識 [알 식: 言, 총19획: shí, zhì]
食 [밥 식: 食, 총9획: shí, sì]
신 晨 [새벽 신: 日, 총11획: chén]
信 [믿을 신: 人, 총9획: xìn]

神 [귀신 신: 示, 총10획: shén]

身 [몸 신: 身, 총7획: shēn, yuán]

臣 [신하 신: 臣, 총6획: chén]

薪 [섶나무 신: 艸, 총17획: xīn]

실　失 [잃을 실: 大, 총5획: shī]

實 [열매 실: 宀, 총14획: shí]

심　心 [마음 심: 心, 총4획: xīn]

십　十 [열 십: 十, 총2획: shí]

씨　氏 [각시 씨: 氏, 총4획: shì]

아　我 [나 아: 戈, 총7획: wǒ]

雅 [우아할 아: 隹, 총12획: yā, yǎ]

악　惡 [악할 악(미워할 오): 心, 총12획: ě, è, wū, wù]

樂 [풍류 악(즐거울 락, 좋아할 요): 木, 총15획:
　　yào, yuè]

안　晏 [늦을 안: 日, 총10획: yàn]

애　愛 [사랑 애: 心, 총13획: ài]

哀 [슬플 애: 口, 총9획: āi]

야　夜 [밤 야: 夕, 총8획: yè]

약　若 [같을 약: 艸, 총9획: rě, ruò]

양　養 [기를 양: 食, 총15획: yǎng]

兩 [두 양(량): 入, 총8획: liǎng]

良 [좋을 양(량): 艮, 총7획: liáng]

讓 [사양할 양: 言, 총24획: ràng]

梁 [들보 양(량): 木, 총11획: liáng]

揚 [오를 양: 手, 총12획: yáng]

羊 [양 양: 羊, 총6획: yáng]

楊 [버들 양: 木, 총13획: yáng]

어　語 [말씀 어: 言, 총14획: yǔ]

언　言 [말씀 언: 言, 총7획: yán]

엄　嚴 [엄할 엄: 口, 총20획: yán]

업　業 [업 업: 木, 총13획: yè]

여　如 [같을 여：　女．총6획：　rú]

　　與 [줄 여：　臼．총14획：　yú, yǔ, yù]

　　女 [계집 여(녀)：　女．총3획：　nǚ]

　　輿 [수레 여：　車．총17획：　yú]

역　易 [바꿀 역(쉬울 이)：　日．총8획：　yì]

　　亦 [또 역：　亠．총6획：　yì]

　　力 [힘 역(력)：　力．총2획：　lì]

연　燕 [제비 연：　火．총16획：　yān, yàn]

　　連 [잇달을 연(련)：　辶．총11획：　lián]

열　說 [기쁠 열(말씀 설, 유세 세)：　言．총14획：　shuì,
　　　　shuō, yuè]

염　炎 [불탈 염：　火．총8획：　yán]

영　詠 [읊을 영：　言．총12획：　yǒng]

　　潁 [강 이름 영：　水．총15획：　yǐng]

　　嬴 [찰 영：　女．총16획：　yíng]

　　瑩 [밝을 영：　玉．총15획：　yíng]

　　籯 [바구니 영：　竹．총26획：　yíng]

　　映 [비출 영：　日．총9획：　yìng]

　　令 [하여금 영(령)：　人．총5획：　lǐng, lìng]

　　逞 [굳셀 영(령)：　辶．총11획：　chěng]

　　齡 [나이 영(령)：　齒．총20획：　líng]

예　禮 [예도 예(례)：　示．총18획：　lǐ]

오　悟 [깨달을 오：　心．총10획：　wù]

　　五 [다섯 오：　二．총4획：　wǔ]

　　奧 [속 오：　大．총13획：　ào]

　　吳 [나라 이름 오：　口．총7획：　wú]

　　惡 [미워할 오(악할 악)：　心．총12획：　ě, è, wū, wù]

옥　玉 [구슬 옥：　玉．총5획：　yù]

온　韞 [감출 온：　韋．총19획：　wēn, yún, yùn]

　　溫 [따뜻할 온：　水．총13획：　wēn, yūn]

왈　曰 [가로 왈：　曰．총4획：　yuē]

왕　王 [임금 왕：　玉, 총4획：　wáng, wàng]
요　遼 [멀 요(료)：　辶, 총16획：　liáo]
　　要 [구할 요：　襾, 총9획：　yāo, yào]
　　樂 [좋아할 요(풍류 악, 즐거울 락)：　木, 총15획：　yào, yuè]
욕　欲 [하고자 할 욕：　欠, 총11획：　yù]
용　庸 [쓸 용：　广, 총11획：　yōng]
　　容 [얼굴 용：　宀, 총10획：　róng]
우　于 [어조사 우：　二, 총3획：　yú]
　　虞 [헤아릴 우：　虍, 총13획：　yú]
　　牛 [소 우：　牛, 총4획：　niú]
　　友 [벗 우：　又, 총4획：　yǒu]
　　禹 [하우씨 우：　内, 총9획：　yǔ]
　　宇 [집 우：　宀, 총6획：　yǔ]
　　寓 [머무를 우：　宀, 총12획：　yù]
운　運 [운전할 운：　辶, 총13획：　yùn]
웅　雄 [수컷 웅：　隹, 총12획：　xióng]
원　元 [으뜸 원：　儿, 총4획：　yuán]
　　遠 [멀 원：　辶, 총14획：　yuǎn]
월　月 [달 월：　月, 총4획：　yuè]
위　爲 [할 위：　爪, 총12획：　wéi, wèi]
　　魏 [나라 이름 위：　鬼, 총18획：　wèi]
유　有 [있을 유：　月, 총6획：　yǒu, yòu]
　　由 [말미암을 유：　田, 총5획：　yóu]
　　猶 [오히려 유：　犬, 총12획：　yóu]
　　遊 [놀 유：　辶, 총13획：　yóu]
　　惟 [생각할 유：　心, 총11획：　wéi]
　　幼 [어릴 유：　幺, 총5획：　yòu]
　　劉 [죽일 유(류)：　刀, 총15획：　liú]
　　遺 [끼칠 유：　辶, 총16획：　wèi, yí]
　　唯 [오직 유：　口, 총11획：　wéi]
　　裕 [넉넉할 유：　衣, 총12획：　yù]

육 六 [여섯 육(륙): 八, 총4획: liù, lù]
윤 倫 [인륜 윤(륜): 人, 총10획: lún]
융 融 [화할 융: 虫, 총16획: róng]
은 恩 [은혜 은: 心, 총10획: ēn]
음 音 [소리 음: 音, 총9획: yīn]
　 吟 [읊을 음: 口, 총7획: yín]
읍 揖 [읍 읍: 手, 총12획: yī]
응 應 [응할 응: 心, 총17획: yīng]
의 義 [옳을 의: 羊, 총13획: yì]
　 宜 [마땅할 의: 宀, 총8획: yí]
　 儀 [거동 의: 人, 총15획: yí]
이 易 [쉬울 이(바꿀 역): 日, 총8획: yì]
　 二 [두 이: 二, 총2획: èr]
　 爾 [너 이: 爻, 총14획: ěr]
　 而 [말 이을 이: 而, 총6획: ér]
　 以 [써 이: 人, 총5획: yǐ]
　 梨 [배나무 이(리): 木, 총11획: lí]
　 已 [이미 이: 己, 총3획: yǐ]
　 尼 [중 이(니): 尸, 총5획: ní]
　 異 [다를 이: 田, 총12획: yì]
익 益 [더할 익: 皿, 총10획: yì]
인 人 [사람 인: 人, 총2획: rén]
　 鄰 [이웃 인(린): 邑, 총15획: lín]
　 仁 [어질 인: 人, 총4획: rén]
일 日 [해 일: 日, 총4획: rì]
　 一 [한 일: 一, 총1획: yī]
입 立 [설 입(립): 立, 총5획: lì]
자 字 [글자 자: 子, 총6획: zì]
　 子 [아들 자: 子, 총3획: zǐ, zi]
　 者 [놈 자: 老, 총9획: zhě]
　 玆 [이 자: 玄, 총10획: cí, zī]

자 [스스로 자: 自, 총6획: zì]

刺 [찌를 자: 刀, 총8획: cì, cī]

작 作 [지을 작: 人, 총7획: zuò]

잠 蠶 [누에 잠: 虫, 총24획: cán]

잠 莊 [풀 성할 장: 艸, 총11획: zhuāng]

長 [길 장: 長, 총8획: cháng, zhǎng]

藏 [감출 장: 艸, 총18획: cáng, zàng]

壯 [씩씩할 장: 士, 총7획: zhuàng]

재 才 [재주 재: 手, 총3획: cái]

載 [실을 재: 車, 총13획: zǎi, zài]

再 [다시 재: 冂, 총6획: zài]

哉 [어조사 재: 口, 총9획: zāi]

在 [있을 재: 土, 총6획: zài]

쟁 爭 [다툴 쟁: 爪, 총8획: zhēng]

저 著 [분명할 저: 艸, 총13획: zhù, zhuó]

杼 [북 저: 木, 총8획: zhù]

적 籍 [서적 적: 竹, 총20획: jí]

전 前 [앞 전: 刀, 총9획: qián]

傳 [전할 전: 人, 총13획: chuán, zhuàn]

全 [온전할 전: 入, 총6획: quán]

戰 [싸울 전: 戈, 총16획: zhàn]

專 [오로지 전: 寸, 총11획: zhuān]

典 [법 전: 八, 총8획: diǎn]

절 絶 [끊을 절: 糸, 총12획: jué]

정 廷 [조정 정: 廴, 총7획: tíng]

鼎 [솥 정: 鼎, 총13획: dǐng]

情 [뜻 정: 心, 총11획: qíng]

正 [바를 정: 止, 총5획: zhēng, zhèng]

定 [정할 정: 宀, 총8획: dìng]

禎 [상서 정: 示, 총14획: zhēn]

靖 [편안할 정: 靑, 총13획: jìng]

제　弟 [아우 제：　弓, 총7획：　dì]
　　齊 [가지런할 제：　齊, 총14획：　jì, qí]
　　帝 [임금 제：　巾, 총9획：　dì]]
　　除 [없앨 제：　阜, 총10획：　chú]
　　諸 [모두 제：　言, 총16획：　zhū]
조　祖 [조상 조：　示, 총10획：　zǔ]
　　趙 [조나라 조：　走, 총14획：　zhào]
　　朝 [아침 조：　月, 총12획：　cháo, zhāo]
　　祚 [복 조：　示, 총10획：　zhà, zuò]
　　早 [새벽 조：　日, 총6획：　zǎo]
족　族 [겨레 족：　方, 총11획：　zú]
존　存 [있을 존：　子, 총6획：　cún]
종　從 [좇을 종：　彳, 총11획：　cóng]
　　終 [끝날 종：　糸, 총11획：　zhōng]
좌　左 [왼 좌：　工, 총5획：　zuǒ]
주　紂 [주임금 주：　糸, 총9획：　zhóu]
　　周 [두루 주：　口, 총8획：　zhōu]
　　誅 [벨 주：　言, 총13획：　zhū]
　　注 [물댈 주：　水, 총8획：　zhù]
죽　竹 [대 죽：　竹, 총6획：　zhú]
중　中 [가운데 중：　丨, 총4획：　zhōng, zhòng]
　　仲 [버금 중：　人, 총6획：　zhòng]
　　衆 [무리 중：　血, 총12획：　zhōng, zhòng]
즉　則 [곧 즉, (법칙 칙)：　刀, 총9획：　zé]
증　曾 [일찍 증：　曰, 총12획：　cēng, zēng]
지　知 [알 지：　矢, 총8획：　zhī]
　　之 [갈 지：　丿, 총4획：　zhī]
　　智 [슬기 지：　日, 총12획：　zhì]
　　止 [그칠 지：　止, 총4획：　zhǐ]
　　至 [이를 지：　至, 총6획：　zhì]
　　遲 [늦을 지：　辶, 총16획：　chí]

志 [뜻 지: 心, 총7획: zhì]

地 [땅 지: 土, 총6획: de, di, dì]

직　稷 [기장 직;   禾, 총15획: jì]

진　秦 [진나라 진: 禾, 총10획: qín]

陳 [늘어놓을 진;   阜, 총11획: chén]

晋 [나아갈 진: 日, 총10획: jìn]

執 [잡을 집;   土, 총11획: zhí]

차　此 [이 차: 止, 총6획: cǐ]

次 [버금 차: 欠, 총6획: cì]

且 [또 차: 一, 총5획: jū, qiě]

찬　纂 [모을 찬: 糸, 총20획: zuǎn]

창　創 [지을 창: 刀, 총12획: chuāng, chuàng]

채　蔡 [거북 채: 艸, 총15획: cài]

처　處 [곳 처: 虍, 총11획: chǔ, chù]

천　泉 [샘 천: 水, 총9획: quán]

天 [하늘 천: 大, 총4획: tiān]

千 [일천 천: 十, 총3획: qiān]

遷 [옮길 천: 辶, 총16획: qiān]

철　轍 [바퀴 자국 철: 車, 총19획: zhé]

청　淸 [맑을 청: 水, 총11획: qīng]

체　體 [몸 체: 骨, 총23획: tī, tǐ]

초　超 [넘을 초: 走, 총12획: chāo]

初 [처음 초: 刀, 총7획: chū]

楚 [초나라 초: 木, 총13획: chǔ]

촉　蜀 [촉나라 촉: 虫, 총13획: shǔ]

총　聰 [귀 밝을 총: 耳, 총17획: cōng]

찰　撮 [취할 찰: 手, 총15획: cuō, zuǒ]

최　最 [가장 최: 曰, 총12획: zuì]

추　秋 [가을 추: 禾, 총9획: qiū]

錐 [송곳 추: 金, 총16획: zhuī]

墜 [떨어질 추: 土, 총15획: zhuì]

축　畜［쌓을 축：　田, 총10획：　chù, xù］
춘　春［봄 춘：　日, 총9획：　chūn］
출　出［날 출：　凵, 총5획：　chū］
충　忠［충성 충：　心, 총8획：　zhōng］
치　致［이룰 치：　至, 총10획：　zhì］
　　治［다스릴 치：　水, 총8획：　zhì］
칙　則［법칙 칙(곧 즉)：　刀, 총9획：　zé］
친　親［친할 친：　見, 총16획：　qīn.］
칠　七［일곱 칠：　一, 총2획：　qī］
칭　稱［일컬을 칭：　禾, 총14획：　chèn, chēng］
타　惰［게으를 타：　心, 총12획：　duò, huī］
탁　琢［쫄 탁：　玉, 총12획：　zhuó, zuó］
　　卓［높을 탁：　十, 총8획：　zhuō］
　　槖［전대 탁：　木, 총14획：　tuó］
탕　湯［넘어질 탕：　水, 총12획：　shāng, tāng］
태　太［클 태：　大, 총4획：　tài］
　　迨［미칠 태：　辶, 총9획：　dài］
택　擇［가릴 택：　手, 총16획：　zhái, zé］
　　澤［못 택：　水, 총16획：　zé］
토　土［흙 토：　土, 총3획：　tǔ］
　　吐［토할 토：　口, 총6획：　tǔ］
통　統［큰 줄기 통：　糸, 총12획：　tǒng］
　　通［통할 통：　辶, 총11획：　tōng, tǒng］
팔　八［여덟 팔：　八, 총2획：　bā, bá］
패　霸［으뜸 패：　雨, 총19획：　bà］
편　偏［치우칠 편：　人, 총11획：　piān］
　　篇［책 편：　竹, 총15획：　piān］
　　編［엮을 편：　糸, 총15획：　biān］
폄　貶［떨어뜨릴 폄：　貝, 총12획：　biǎn］
평　平［평평할 평：　干, 총5획：　píng］
폐　廢［폐할 폐：　广, 총15획：　fèi］

포　蒲 [부들 포：　艸, 총14획：　pú]

　　褒 [기릴 포：　衣, 총15획：　baō]

　　匏 [박 포：　勹, 총11획：　páo]

풍　風 [바람 풍：　風, 총9획：　fēng]

　　諷 [욀 풍：　言, 총16획：　fěng]

피　披 [나눌 피：　手, 총8획：　pī]

　　彼 [저 피：　彳, 총8획：　bǐ]

필　泌 [샘물 흐르는 모양 필(비)：　水, 총8획：　mì, bì]

　　必 [반드시 필：　心, 총5획：　bì]

　　筆 [붓 필：　竹, 총12획：　bǐ]

하　夏 [여름 하：　夂, 총10획：　xià]

　　何 [어찌 하：　人, 총7획：　hé]

　　下 [아래 하：　一, 총3획：　xià]

학　學 [배울 학：　子, 총16획：　xué]

한　漢 [한나라 한：　水, 총14획：　hàn]

항　項 [목 항：　頁, 총12획：　xiàng]

행　行 [갈 행：　行, 총6획：　háng, xíng]

향　香 [향기 향：　香, 총9획：　xīang]

헌　獻 [바칠 헌：　犬, 총20획：　xiàn]

혁　革 [가죽 혁：　革, 총9획：　gé, jí]

현　顯 [나타날 현：　頁, 총23획：　xiǎn]

　　賢 [어질 현：　貝, 총15획：　xián]

　　玄 [검을 현：　玄, 총5획：　xuán]

　　懸 [매달 현：　心, 총20획：　xuán]

형　螢 [개똥벌레 형：　虫, 총16획：　yíng]

　　兄 [맏 형：　儿, 총5획：　xiōng]

호　號 [부르짖을 호：　虍, 총13획：　háo, hào]

　　灝 [넓을 호：　水, 총24획：　hào]

　　乎 [어조사 호：　丿, 총5획：　hū]

혼　混 [섞을 혼：　水, 총11획：　hún, hùn]

홍　洪 [큰물 홍：　水, 총9획：　hóng]

화　火 [불 화:　火, 총4획:　huǒ]
황　皇 [임금 황:　白, 총9획:　huáng]
　　黃 [누를 황:　黃, 총12획:　huáng]
회　悔 [뉘우칠 회:　心, 총10획:　huǐ]
효　效 [본받을 효:　攴, 총10획:　xiào]
　　孝 [효도 효:　子, 총7획:　xiào]
후　後 [뒤 후:　彳, 총9획:　hòu]
훈　訓 [가르칠 훈:　言, 총10획:　xùn]
흘　迄 [이를 흘:　辶, 총7획:　qì]
흥　興 [흥할 흥:　臼, 총16획:　xīng, xìng]
희　戱 [놀 희:　戈, 총16획:　hū, xì]
　　喜 [기쁠 희:　口, 총12획:　xǐ]
　　義 [숨 희:　羊, 총16획:　xī]
　　嬉 [즐길 희:　女, 총15획:　xī]

한상덕 ──────────────────────────────────────

▌약력

경상대학교 중어중문학과 졸업(문학사)
성균관대학교 대학원 중어중문학과 졸업(문학석사)
중국, 예술연구원 희극연구소 방문학자
중국, 무한대학 대학원 중어중문학과 졸업(문학박사)
중국, 호북사범학원 중어중문학과 강사 역임
중국, 호북대학 중어중문과 교수 역임
[현재] 중국, 호북민족학원 남방소수민족연구중심 겸임연구원
[현재] 중국, 청도대학 겸임 교수
[현재] 경상대학교 중어중문학과 교수

▌연구 업적

<조우 삼부곡 연구> 외 20여 편의 논문
<중국 현대희극사> 외 20권의 번역서
<기초 중국어 교본> 외 20권의 저서

삼자경 주해

초판인쇄 | 2008년 12월 25일
초판발행 | 2008년 12월 25일

지은이 | 한상덕
펴낸이 | 채종준
펴낸곳 | 한국학술정보㈜
주 소 | 경기도 파주시 교하읍 문발리 513-5 파주출판문화정보산업단지
전 화 | 031) 908-3181(대표)
팩 스 | 031) 908-3189
홈페이지 | http://www.kstudy.com
E-mail | 출판사업부 publish@kstudy.com

등 록 | 제일산-115호(2000. 6. 19)
가 격 | 27,000원

ISBN 978-89-534-0843-2 93720 (Paper Book)
       978-89-534-0844-9 98720 (e-Book)